Verte

# Marie Desplechin

# Verte

Neuf
*l'école des loisirs*
11, rue de Sèvres, Paris 6e

Du même auteur à *l'école des loisirs*

Collection *Neuf*

*Et Dieu dans tout ça?*
*Rude samedi pour Angèle*
*Tu seras un homme, mon neveu*
*Une vague d'amour sur un lit d'amitié*
*La prédiction de Nadia*
*Verte*

Collection *Mouche*

*Le sac à dos d'Alphonse*

© 1996, l'école des loisirs, Paris
Loi n° 49.956 du 16 juillet 1949 sur les publications
destinées à la jeunesse : octobre 1996
Dépôt légal : juillet 2003
Imprimé en France par Bussière Camedan Imprimeries
à Saint-Amand-Montrond
N° d'édit. : 5196. N° d'imp. : 032958/1.

*Pour Mado*
*et pour Lucie*

# I
## CE QU'EN DISAIT URSULE
### (La voix d'une mère)

## 1

Sur terre, tout le monde a le droit de se plaindre. Les hommes, les femmes, les jeunes, les vieux, les animaux eux-mêmes se plaignent. De l'excès d'amour, de l'absence d'amour, de la famille, de la solitude, du travail, de l'ennui, du temps qui passe, du temps qu'il fait... Le monde râle, c'est ainsi.

Parmi toutes les espèces, il en existe une pourtant qui n'a pas le droit de se plaindre. Une seule. L'espèce des mères. À la rigueur, elles peuvent se mettre en colère. Mais pas gémir, c'est mal vu. Pourquoi? Parce que grâce à leurs enfants, les mères baignent dans un océan de bonheur. C'est connu.

Quelle hypocrisie! Moi qui suis une mère, je le dis tout net: ces derniers temps, ma fille me met les nerfs en pelote. Elle me rend chèvre. Elle me fatigue.

J'ignore comment les choses se passent dans les familles normales. Elles ressemblent probablement à ce qui se passe chez nous. J'entends chez les sorcières. Sorcières: je n'aime pas le mot. Il sent le château fort et le bûcher, le bonnet pointu et le manche à balai, j'en passe et des meilleures. Tout un folklore désuet qui date du Moyen Âge.

Moi, de ma vie, je n'ai jamais porté de chapeau, et encore moins de chapeau pointu. Pointu pour pointu, je préfère les escarpins à très hauts talons. Quant au balai volant, laissez-moi rire. Quand je veux voler, je prends l'avion comme tout le monde.

D'ailleurs, toute sorcière que je sois, personne ne pourrait me reconnaître, à la porte de l'école, dans le petit tas de mères qui poi-reautent en attendant la sortie des classes. Je ressemble à Madame N'importe Qui. Enfin, je crois... Je n'ai jamais vérifié : je n'attends pas ma fille à la sortie des classes.

Faire comme les autres, ce n'est pas mon genre. Je suis *vraiment* différente. Je peux *vraiment* faire un tas de choses dont le commun des mères n'a même pas idée. Faire pleuvoir ou faire neiger. Donner la varicelle et le coryza. Transformer un chien en tabouret. Me faire livrer par le supermarché sans passer de commande. M'abonner au câble sans payer. Et je n'évoque pas les pouvoirs très extraordi-naires, tellement extraordinaires qu'il est interdit d'en parler.

Tout cela ne m'est pas venu tout seul. Pour devenir sorcière, il ne suffit pas d'avoir un don. Il faut se donner du mal. Là comme ailleurs, le vrai secret, c'est le travail. Les jeunes sorcières doivent apprendre, lire et relire sans fin les manuels et s'exercer sous la direction d'une ancienne. Moi par exemple, j'ai tout appris de ma mère. Elle m'a entraînée, elle a corrigé mes erreurs, elle a mesuré mes progrès. C'est grâce à elle que je suis devenue ce que je suis : une sacrée bonne professionnelle. Quand je décide d'être juste et sincère, je reconnais que je lui dois beaucoup.

Lorsque j'ai été mère à mon tour, je me suis réjouie de pouvoir transmettre le relais à ma fille. Rien n'est plus beau que de façonner un jeune être à son image.

Il faut savoir que chez nous le don se transmet de mère en fille, exclusivement. Il paraît qu'il existe des sorciers, mais j'en doute. Pour ma part en tout cas, je ne connais pas de sorcier vivant. Il m'est bien arrivé de rencontrer quelques vieux magiciens foireux, reconvertis dans la prestidigitation. Mais de véritable sorcier, non. Je ne crois pas que les hommes aient beaucoup à voir avec la sorcellerie.

De plus, les sorcières ne peuvent passer leur pouvoir qu'à l'aînée de leurs filles. Voilà pourquoi la plupart d'entre nous se contentent de donner le jour à une seule gamine. C'est bien assez de souci. Franchement, quand on n'aime pas beaucoup les enfants, pourquoi s'encombrer de toute une tripotée de braillards sans le moindre avenir dans la profession?

J'ai donc donné le jour à une fille. Son père, un certain Gérard si j'ai bonne mémoire, avait décidé de l'appeler Rose. Rose… On fait difficilement plus tarte.

Mais je n'entendais pas obéir aux caprices de ce monsieur, si charmant qu'il soit dans mon souvenir. Peu importe ce qu'il a bredouillé à la mairie: du fond de mon lit, j'avais ensorcelé l'employé de l'état civil. Ma fille a donc été enregistrée sous le joli nom de Verte, autrement plus seyant pour une future sorcière que celui de Rose.

Je ne sais pas si c'est cette histoire de prénom qui a vexé le papa. Toujours est-il que, rapidement, nous ne l'avons plus revu. Bon, j'avoue que je ne lui ai pas facilité les choses.

Verte avait juste quelques semaines quand j'ai déménagé sans lui laisser d'adresse.

Il nous a cherchées longtemps. Nous l'avons croisé, dans la ville, errant entre les squares, les écoles et les bibliothèques municipales. Lorsque je le voyais approcher, je nous environnais, Verte et moi, d'un brouillard opaque qui nous rendait invisibles à ses yeux. Nous aurions pu nous cogner contre lui sur le trottoir, il ne nous aurait pas remarquées. Pauvre Gérard. Quelquefois je me dis qu'il nous cherche toujours.

J'ai attendu des années que se révèle devant moi le talent de Verte. Il faut du temps pour que le pouvoir vienne aux sorcières. Dans leur enfance, elles sont pareilles à toutes les autres petites filles : elles ressemblent à des petits canaris, des petits écureuils, des petits papillons rieurs, décidés et colériques. Maternelle, école primaire, anniversaires d'enfants, cours de danse : les petites sorcières grandissent dans l'ignorance de leur condition. Puis un beau matin, un de ces matins où elles sont de très mauvaise humeur, elles font voler leur cartable à travers leur chambre, elles font se faner les bouquets aux devantures des fleuristes, elles donnent la jaunisse à leurs voisins de classe. La sorcellerie leur vient sans même qu'elles s'en rendent compte. Elles s'étonnent elles-mêmes des calamités qu'elles déclenchent sur leur passage. Ce jour-là, il est temps : il faut les mettre au travail sans tarder. Le mercredi après-midi, les cours de danse cèdent la place aux cours de sorcellerie. Et au bout du compte, la petite fille devient jeune sorcière.

Voilà le destin tout tracé qui attendait ma petite Verte. Je la regardais grandir, attentive au moindre signe surnaturel. Mais quand elle a atteint ses dix ans, elle était toujours d'une normalité déprimante. Jolie fille, bonne élève, brave camarade, rigolote, soigneuse et gentille. J'attendais encore qu'elle fasse voler les meubles dans l'appartement quand je me suis rendu compte que le seul grand changement qui affectait sa vie était qu'elle regardait les garçons d'un œil à la fois moqueur et intéressé.

— Qu'est-ce que tu trouves à ce grand crétin dont tu parles sans cesse ? lui ai-je demandé un soir, alors que nous buvions à petites gorgées une tisane brûlante et parfumée.

Elle a regardé le plafond d'un air rêveur. Elle a soupiré.

— Soufi ? Toutes les filles de l'école en sont amoureuses, c'est clair.

— Mais toi, ma pauvre fille, ai-je insisté, complètement atterrée. Toi, tu en es amoureuse ?

Elle a souri, avec des yeux charmeurs, à demi clos et voilés de cils.

— Je ne sais pas… En tout cas, tout le monde dit qu'il est amoureux de moi.

Pas de doute : cette coquine roucoulait. Un étourneau écervelé : voilà ce que l'âge avait fait de ma seule héritière. Après tout ce que j'avais fait pour elle, moi qui lui avais consacré les plus belles années de ma vie. J'étais déçue. Pas désespérée, mais déçue, ça oui.

## 2

– Bonsoir Ursule, a fait ma mère quelques jours plus tard, au téléphone. Tu as une drôle de voix. Il y a quelque chose qui ne va pas?

Anastabotte, ma mère. Elle a le génie pour m'appeler quand je suis hors de moi. On dirait qu'elle choisit le moment où elle est sûre de me déranger.

– Exactement, il y a quelque chose qui ne va pas. Verte ne montre aucun signe de sorcellerie. Je me demande si c'est par sottise ou par paresse. En revanche, elle s'est découvert une nouvelle distraction: les garçons de sa classe. Il n'y a plus que cela qui l'intéresse. Elle devient si ennuyeuse et si commune que je me demande si elle est bien ma fille.

— Ne t'énerve pas, ma grande, a dit Anastabotte.

Bien dit. Elle m'énervait tellement que je crevais d'envie de lui raccrocher au nez.

— Ta fille traverse sans doute un moment difficile. Il n'est pas toujours simple d'avoir douze ans...

— Elle a *onze* ans, pas douze! ai-je hurlé dans le combiné.

— Ça ne change rien. Onze, douze, quatorze: c'est une période compliquée où les jeunes doivent trouver leur personnalité et tu dois savoir que...

— Mais enfin, personne ne lui demande de se trouver une personnalité. J'en ai une toute prête pour elle! Une personnalité de sorcière, figure-toi.

— Ne sois pas si pressée, ma fille. Les enfants ne font pas toujours ce qu'on attend d'eux au moment où on le souhaite. Et puis Verte n'est encore qu'une petite fille...

— Ma fille n'est pas n'importe quelle petite fille ! Elle n'a jamais porté de robe, de rubans, ni de couettes. Je ne lui ai jamais offert de Barbie, ni même de poupées. Je l'ai élevée pour qu'elle devienne une honnête sorcière, gentille avec sa mère et sérieuse au boulot. Pas une petite bonne femme chichiteuse...

— Diable, diable, a dit ma mère, calme-toi, Ursule. Ce n'est pas si grave.

— Comment ça, pas si grave ? Ma fille est en train de devenir une idiote prétentieuse et tu trouves que ce n'est pas grave ?

— Ça suffit maintenant, a tranché Anastabotte. Si la situation est pénible à ce point, confie-moi Verte une journée par semaine. J'ai bien réussi à t'apprendre l'essentiel et Dieu sait que ça n'a pas été facile. Je peux tenter ma chance avec ma petite-fille.

— D'accord, ai-je grommelé, passe la chercher mercredi. Et arrête d'invoquer Dieu à n'importe quelle occasion. Ça me rend nerveuse.

J'ai raccroché. Je me sentais à la fois mal à l'aise et soulagée. L'idée de ma mère et de ma fille complotant dans mon dos à longueur de mercredis n'était pas de nature à me faire plaisir. Mais d'autre part la certitude d'être débarrassée de l'une et de l'autre quelques heures par semaine avait quelque chose d'agréable.

À choisir, je préférais savoir ma fille avec ma mère que de l'avoir dans les pattes. Elle avait pris la déplorable habitude d'arborer un air maussade dès le réveil et de le garder vissé sur la figure tout au long de la journée. À croire qu'elle s'ennuyait ferme en ma compagnie.

— Mais enfin Verte, qu'est-ce que tu as? Tu n'es pas bien avec moi?

— Si Maman, je suis bien.

— Tu t'ennuies?

— Non, je te dis. Ne t'inquiète pas.

Elle mentait si fort qu'elle m'écœurait.

— Je ne m'inquiète pas. Je te demande, c'est tout.

À l'air maussade succédait un sourire dégoulinant de pitié, comme si elle craignait de me faire de la peine. Quelle insolence. Ma fille me considérait désormais comme une espèce de vieux pompon auquel il fallait faire attention sous peine de lui briser le cœur. Quand elle pensait que je ne la regardais pas, elle me lançait par en dessous des regards un peu méfiants, un peu dédaigneux. Et – j'en étais persuadée – elle s'ennuyait dès que nous nous retrouvions à deux.

— Pourquoi sommes-nous toujours toutes les deux?

— Tu trouves que nous ne sommes pas heureuses toutes les deux?

— Si. Mais pourquoi n'ai-je pas de père pour dîner de temps en temps avec lui?

Voilà ce qu'elle a fini par me demander, cette innocente, un de ces longs week-ends où nous traînions côte à côte, désœuvrées, dans l'appartement.

– Quelle question! Mais parce que c'est comme ça: il n'y a pas d'homme dans nos familles. Qu'est-ce que nous ferions d'un père, tu veux bien me le dire?

– Eh bien, il pourrait nous emmener au cinéma. Et puis après au restaurant. Par exemple.

– Eh bien, s'il ne te faut que ça pour être heureuse, je t'y emmène, moi, au cinéma et au restaurant. Prends ton manteau, on y va.

– D'accord, a fait Verte.

Elle n'a pas dit «chic!». Elle n'a pas sauté de joie. Elle ne m'a pas remerciée. Elle s'est contentée d'attraper son anorak, sans quitter son fameux air lassé. Nous sommes allées voir *Freddy, les griffes de la nuit.*

C'était la première fois que cette chipie me réclamait son père. J'ai senti une légère inquiétude me pincer le cœur. D'abord les garçons de la classe, ensuite un père. Qu'est-ce qui lui prenait?

Pour toutes ces raisons, j'étais assez

contente qu'Anastabotte l'embarque un jour par semaine. Au moins, tant qu'elle serait avec sa grand-mère, ma fille cesserait de me promener son air sinistre sous le nez.

# 3

— Toute la classe sait que Soufi est amoureux
de moi. Quand je pense à cette pauvre Ségolène! Elle l'aime à la folie. Il faudrait peut-être
que je lui dise qu'elle perd son temps. Qu'est-
ce que tu en penses?

Une fois n'est pas coutume, Verte avait
l'air de charmante humeur en revenant de
l'école. Elle bavardait sans interruption, assise
à la table de la cuisine, et je l'écoutais d'une
oreille en préparant un magnifique brouet
brun destiné à empoisonner le chien de nos
voisins, un animal de cauchemar qui ne cessait
de pisser contre la porte de l'immeuble. Un
peu de brouet brun sur la porte et je ne don-
nais pas cher de sa peau: après quelques jours

de pelade et de douleurs diverses, la brave bête rendrait son âme au diable et la question serait réglée. Et si les voisins se plaignaient, je les passerais au brouet, eux aussi. Ils commençaient à me chauffer, tous, avec leurs horribles animaux. Est-ce que j'emmène mes mygales pisser devant chez eux?

— Soufi est vraiment bizarre, poursuivait Verte en levant les yeux au plafond. Il n'arrête pas de me regarder en disant que je ressemble à quelqu'un qu'il connaît mais il ne sait pas qui. Aujourd'hui, à la récréation, il a même demandé au surveillant si je ne lui rappelais pas quelqu'un.

En dépit de son ton désapprobateur, Verte semblait enchantée de l'intérêt que lui manifestait ce gamin. Pauvre fille, il était temps que je lui remette les idées en place.

— Tu sais sûrement que ce garçon cherche à se rendre intéressant, n'est-ce pas? Imaginer des ressemblances: c'est un très vieux truc inventé par les hommes pour faire les malins

et lier connaissance. Ne sois pas stupide.
Ignore-le, c'est tout ce qu'il mérite.

— Mais je ne m'occupe pas du tout de lui,
ni de ses blagues idiotes, a répondu Verte.
Vraiment, je me fiche pas mal de ce qu'il
pense, de ce qu'il dit et de ce qu'il peut bien
faire. Quel imbécile quand j'y pense.

Elle avait l'air beaucoup moins joyeuse
tout d'un coup. Le visage contrarié, du bout
de la cuillère, elle chipotait dans son bol de
céréales.

— À propos, ai-je repris hors de propos,
Anastabotte va venir te chercher mercredi
matin.

— Très bien, a fait Verte en levant le nez
de son goûter. Pour quoi faire?

— Pour te garder. À partir de cette
semaine, tu passeras le mercredi chez ta grand-
mère. Tu seras sûrement plus heureuse avec
elle qu'avec moi. Elle t'apprendra les premiers
rudiments du métier et moi, de mon côté,
j'aurai le temps de travailler.

— D'accord, a fait Verte. Mais surveille ta soupe, elle va déborder.

— Ce n'est pas une soupe, ignorante! Je te le répète pour la centième fois: c'est un brouet empoisonné. Tu ne fais vraiment aucun effort pour écouter ce que je dis. Tu me fatigues à la fin. Va faire tes devoirs dans ta chambre, je t'ai assez vue.

Le mercredi matin, Verte s'est levée bien avant moi. Je l'ai entendue trottiner autour de ma chambre. Cette activité matinale me donnait la migraine. Je me suis enfouie sous la couette, le nez sur le matelas, l'oreiller collé sur la tête, rabattu de part et d'autre des oreilles. Mais je l'entendais toujours chantonner: «Je sens mon cœur qui bat qui bat, je ne sais pas pourquoi». J'ai jeté un coup d'œil au réveil. Il était sept heures et la rengaine de Verte me résonnait dans le crâne comme une volée de cloches. Je déteste les matins.

Quand Anastabotte a sonné, à huit heures et demie, Verte a bondi sur la porte. Il fallait que je me décide à sortir du lit. Je me suis enroulée dans ma grande robe de chambre noire et je les ai rejointes à la cuisine.

À ma grande surprise, ma mère semblait enchantée de m'enlever ma fille. Comme si la perspective de se balader du matin au soir avec une gamine dans les pattes avait quelque chose de réjouissant. Elle s'était vêtue en conséquence et Verte l'observait d'un œil médusé.

— Mais enfin Anastabotte, ai-je demandé, tu peux me dire d'où tu sors cet accoutrement?

Ma mère avait exhumé de son armoire un vieux costume qui datait sans doute de sa jeunesse. Ou peut-être de la jeunesse de sa propre mère. Elle s'était emmitouflée dans un ensemble de velours rouge sombre, longue jupe à godets lui fouettant les mollets et chasuble ample, retenue à la taille par une large ceinture en peau de serpent.

Elle était terriblement maquillée, les yeux à moitié dissimulés sous une couche de fard vert, la bouche si rouge qu'elle en paraissait couverte de sang. Quand elle souriait, ses dents jaunes brillaient d'un étrange ivoire dans son visage blanc. Elle avait enserré ses cheveux gris dans un filet parsemé de minuscules perles noires. Elle estimait sûrement ressembler à une sorcière, mais croyez-moi elle ressemblait d'abord à une folle. Ce qui n'avait pas l'air de gêner Verte. Pas du tout. Elle couvait sa grand-mère d'un regard admiratif.

— C'est vraiment joli, tu ne trouves pas, Maman?

— Hmm tu trouves? ai-je fait en m'effondrant sur ma chaise devant une tasse de café.

J'avais beau être consternée par l'allure de ma mère, je pouvais me réjouir d'une chose: si Anastabotte avait ressorti du placard ses vieilles frusques de professionnelle, c'est qu'elle était décidée à parler boutique avec Verte. Elle allait sans doute essayer de voir ce que ma fille avait dans la tête. Elle allait peut-être même lui donner ses premières leçons.

Et ma petite Verte cesserait de s'intéresser aux morveux de sa classe, elle renoncerait à me poser des questions sur son père. Elle deviendrait enfin la bonne petite sorcière que j'espérais de tous mes vœux. On a le droit de rêver...

Elles ont filé vers neuf heures. Ma mère dans un envol de velours pourpre et de perles noires, ma fille plus sagement vêtue de coton bleu marine et les cheveux si bien peignés qu'on aurait pu planter des graines dans les raies dessinées par le peigne. J'ai fermé la porte de la cuisine, baissé le feu sous le brouet brun, et je me suis plongée dans *L'Art d'accommoder les insectes rampants*, un excellent ouvrage de cuisine que je recommande aux ménagères sans le sou.

## 4

Au soir de ce premier mercredi, quand elle est revenue de chez Anastabotte, Verte semblait très énervée. Échevelée, les joues rouges, elle s'est installée à la table de la cuisine. Je me suis assise à côté d'elle et j'ai attendu, espérant qu'elle me raconte, comme elle le faisait d'habitude, quelque chose de sa journée. J'ai eu beau attendre, rien n'est venu. Pendant de longues minutes, elle n'a pas desserré les dents. Elle regardait droit devant elle, l'air de réfléchir profondément.

— Alors, ma petite Verte, ai-je commencé d'une voix bourrée de patience. Bonne journée?

— Ouais, a répondu Verte.

— Anastabotte a été gentille ?

Un deuxième « ouais » est venu trouver le silence. Puis plus rien. Plus rien jusqu'à ce qu'elle me lance :

— J'aurais bien aimé ne jamais grandir et ne jamais devenir sorcière.

Aïe aïe, si c'était le résultat de sa première leçon chez Anastabotte, il fallait arrêter les frais le plus vite possible.

— Mais Mamie prétend que je n'ai pas le choix.

Ah, quand même ! Anastabotte ne lui avait pas raconté totalement n'importe quoi.

— Anastabotte m'a expliqué vos histoires. Excuse-moi mais je les trouve un peu dégoûtantes. Si c'était possible, je préférerais rester simplement une jeune fille. Tant pis pour les pouvoirs magiques.

— Eh bien non. Ce n'est pas possible. Sorcière tu es née, sorcière tu dois devenir.

Verte a baissé la tête et ses yeux se sont emplis de larmes.

— Mais alors, ma vie est fichue. Je serai forcée de faire un tas de choses ridicules et écœurantes. Je serai toujours différente des autres filles. Et je ne pourrai sûrement jamais me marier.

— Pourquoi tu ne te marierais pas, si ça te tient tellement à cœur? Marie-toi tant que tu voudras. Tu te rendras bien compte toi-même qu'une sorcière n'a pas grand-chose à faire d'un mari.

— Tu vois, c'est ce que je disais! Je serai obligée de te ressembler. Oh, ce n'est vraiment pas juste.

Elle s'est levée de table en repoussant brutalement sa chaise et elle s'est dirigée vers la porte de la cuisine qu'elle a claquée derrière elle.

En temps normal, j'aurais été vexée. Je me serais levée derrière elle, je lui aurais couru après, et je lui aurais flanqué la gifle qu'elle méritait. Mais ce qui s'est passé à ce moment était tellement renversant que je suis restée clouée sur ma chaise.

Tandis que, sans se rendre compte de rien, ma fille claquait la porte à toute volée, la vaisselle entassée sur la table et sur le séchoir de l'évier s'est levée derrière elle. En un éclair, bols, verres et assiettes ont traversé l'espace de la cuisine. L'escadrille de verre et de porcelaine a foncé en rangs serrés sur la porte fermée, et là elle s'est fracassée.

Cette sale gosse venait de me briser pour cinq cents francs de vaisselle, au moins. Sans compter que j'allais devoir ramasser les éclats dispersés par terre. J'aurais pu me désoler, me lamenter. Mais je riais, je gloussais d'aise dans ma cuisine, me frottant les mains dans mon tablier, contemplant le désastre avec des hoquets de joie.

Sans qu'elle s'en soit aperçue, ma fille venait de faire son premier pas en sorcellerie. Un premier pas mais un pas conséquent. C'était la puissance de son sale caractère qui avait déchaîné la révolution chez les bols et les assiettes. À partir de cet instant, ses humeurs pouvaient bouleverser le monde. Et si ce n'était pas la signature d'un pouvoir surnaturel, je voulais bien me faire fée des bois.

J'ai rappelé ma fille chérie avec une voix de miel.

— Eh Verte, viens voir par ici!

— Quoi encore?

Verte est sortie de sa chambre en traînant les pieds. Elle a poussé la porte de la cuisine qui a raclé le sol avec un grand bruit de porcelaine explosée. Devant le carnage, elle a haussé les sourcils et m'a lancé d'un ton acide:

— Mais enfin, tu es cinglée? C'est toi qui as tout cassé?

Je n'ai pas résisté. Mon cœur de mère a pris le dessus: j'ai attrapé ma petite Verte dans mes bras et je l'ai pressée vigoureusement contre moi.

— Non ma chérie, c'est toi! Et je te félicite...

— Moi? Mais tu es dingue! Je n'ai touché

à rien! Qu'est-ce que c'est encore que cette manigance?

Verte criait, je ricanais et les voisins du dessous ont tapé à toute force avec leur balai dans les tuyauteries. S'ils n'aimaient pas le bruit, ils n'avaient qu'à changer d'appartement, ces demeurés. J'ai pensé une seconde à leur envoyer une colonie d'esprits frappeurs, mais j'avais autre chose à faire sur le moment.

— Verte, si la vaisselle t'a suivie, c'est que tu es enfin devenue sorcière… Tu possèdes un pouvoir sur les choses. À partir de maintenant, elles peuvent t'obéir. Tu n'as qu'à commander.

Verte a tapé du pied, indignée.

— Mais enfin les choses sont très bien là où elles sont. Elles n'ont qu'à rester tranquilles. Je ne leur ai rien demandé!

— Pas besoin de leur demander, ma chérie. Elles peuvent comprendre toutes seules. Tu étais tellement furieuse qu'elles ont dû le sentir. Réfléchis bien: tout à l'heure, au fond de

toi, tu as peut-être souhaité très fort tout casser dans la cuisine…

— Ouais…

Verte a procédé à un rapide examen de
conscience.

— Mais je l'ai juste pensé, je ne l'ai pas
commandé.

— Aucune importance ! Le fluide est passé
et tu as tout cassé.

— Ah mince, a fait Verte. Qu'est-ce que je
peux faire pour que ça s'arrête, ce sale pouvoir
sur les choses ?

— Rien, mon petit scarabée, je te l'ai déjà
dit. Pour éviter les ennuis, il faut que tu
apprennes à te servir de tes pouvoirs, à les uti-
liser uniquement quand tu en auras envie.

Verte a semblé réfléchir, les yeux dans le
vague.

— Et je pourrai avoir tout ce que je
veux ?

— Pas si vite ! Si tu lui demandes n'importe
quoi, ton pouvoir se retournera contre toi. Il

faut savoir se modérer. Anastabotte t'apprendra comment t'en sortir.

— Tu parles d'un amusement, a dit Verte en me tournant le dos. C'est un enquiquinement de plus, voilà ce que c'est. Quel malheur d'être née dans une famille de sorcières! Quelle injustice!

Elle repartait vers sa chambre quand elle a poussé un profond soupir. Les fenêtres de la cuisine se sont brutalement ouvertes. Un grand vent froid est entré dans la pièce, tandis que les rideaux claquaient tant qu'ils pouvaient.

— Ça suffit, ce cirque! a-t-elle crié en se retournant vers les fenêtres avec fureur.

Le vent est retombé tout d'un coup, j'ai fermé les fenêtres et Verte est allée se boucler dans sa chambre. Les voisins ont à nouveau cogné contre les tuyauteries et j'ai cherché à me souvenir comment on évoque les esprits frappeurs.

# 5

Cette nuit-là, j'ai longtemps cherché le sommeil. Je me retournais dans mon lit tandis que, dans mon esprit fatigué, passaient et repassaient les images des années passées à élever Verte. J'ai beau avoir du courage et du caractère, il n'est pas facile tous les jours d'être seule. J'avais souvent envié, malgré moi, les mères communes au regard satisfait, à la démarche lourde, qui avancent dans la vie entourées de mioches et aidées d'un mari. Moi aussi, j'aurais bien aimé, de temps en temps, me reposer sur une présence familière et partager avec elle les soucis et les plaisirs du quotidien. Mais le sort en avait décidé autrement. Heureusement que les progrès de ma grande fille venaient maintenant me payer de mes peines. Tous mes efforts n'avaient pas été vains.

Le matin, Verte a fait mine d'avoir oublié les événements de la veille. Elle évitait soigneusement de me parler, me jetant par moments des regards rageurs et méfiants. Elle est enfin partie pour l'école, le cartable bien accroché dans le dos, un sourire de soulagement dans les yeux.

Elle n'avait pas sitôt quitté l'appartement que j'ai décroché le téléphone pour appeler ma mère. J'espérais que nous pourrions nous réjouir ensemble — ce qui ne nous arrive pas si souvent —, mais elle n'a pas eu l'air aussi ravie que moi des progrès de son élève.

— Anastabotte, ai-je crié pleine de fierté, Verte est enfin devenue sorcière!

— Déjà! a-t-elle marmonné. Elle est bien jeune. Nous aurions pu attendre quelques mois, peut-être même quelques années, avant de passer aux travaux pratiques.

— Verte n'est pas une demeurée, ai-je remarqué. C'est une enfant dégourdie et plutôt en avance sur son âge.

— Méfie-toi qu'elle ne soit pas un peu trop en avance, m'a répondu ma mère d'un ton menaçant.

J'ai haussé les épaules. Parce qu'elle m'avait élevée, ma mère croyait sans doute qu'elle était spécialiste universelle. Quelle prétention. Et quel triste caractère, mesquin, pessimiste, râleur. Une vraie rabat-joie.

— Quoi que tu en penses, il faut que tu t'occupes de ta petite-fille, ai-je dit. Dès mercredi prochain, tu lui donneras des exercices. Il est plus que temps de l'entraîner.

— Oui, oui, a grogné ma mère. On verra ce qu'on peut faire… Je lui demanderai, elle aura sûrement des idées.

— Verte ? Des idées ?

— Ta fille n'est pas aussi sotte que tu sembles le croire, a remarqué Anastabotte. Fais-lui un peu confiance, et fais-moi confiance aussi. Tout se passera bien, tu verras.

— Tu pourrais au moins faire semblant d'être contente. Pour une fois que je suis de bonne humeur le matin…

Là-dessus, Anastabotte s'est remise à invoquer Dieu, la nature et autres fariboles exaspérantes. Pour en finir, je lui raccroché au nez, une fois de plus. J'aurais mieux fait de discuter un peu plus longtemps avec elle.

Un peu de patience m'aurait évité quelques émotions mémorables. Mais on ne peut pas tout prévoir. Il a suffi de quelques jours pour que ma mère et ma fille s'allient pour me chambouler la vie. Je ne dis pas que je me plains… Mais quand j'y repense, je sens la moutarde qui me monte au nez. Parce qu'au bout du compte, elles m'ont roulée dans la farine, toutes les deux. Moi qui ne cherchais rien d'autre que le bonheur de ma fille et l'appui de ma mère…

## II
### Ce qu'en disait Anastabotte
### (La voix d'une grand-mère)

### 1

Ursule, ma fille, a beaucoup de qualités. Par exemple, elle est courageuse et volontaire. Mais elle a un gros défaut : elle est dotée d'un caractère épouvantable. Toute petite déjà, c'était une vraie tête de lard, soupe au lait, obstinée, solitaire. Ne me dites pas que c'est parce qu'elle est sorcière. Les sorcières sont comme les autres : il y a parmi elles de joyeux tempéraments et de mauvaises têtes. Ma fille se range parmi les mauvaises têtes. Je l'aime beaucoup mais c'est ainsi.

J'ai moi-même un caractère assez fort mais j'ai mes raisons. Ma vie n'a pas été facile. J'ai vécu la guerre, j'ai perdu mon mari et j'ai beaucoup travaillé pour élever Ursule. Il a fallu que je sache me défendre pour survivre et pour protéger ma fille. Mais je reconnais que mes efforts ont été récompensés par de grandes joies. Parmi elles la naissance de ma petite-fille, Verte, que je classe dans les vrais bonheurs de mon existence.

Verte, voilà bien une idée d'Ursule ! Elle aurait pu l'appeler Lucie, Marine ou Laura. Mais non, il a fallu qu'elle fasse la maligne. D'abord elle a quitté son père, un brave garçon qui s'appelait Germain. Ou plutôt Gilbert. À moins que ce ne soit Gérard, je ne sais plus. Un type charmant en tout cas, avec lequel je m'entendais à merveille. Ensuite elle a donné à cette pauvre gamine un prénom impossible. Heureusement que Verte est une petite fille formidable qui a réussi à rendre son prénom sympathique... Parce que, pour se lancer dans la vie, ce n'est pas un cadeau, j'en sais quelque chose. Encore aujourd'hui je regrette que ma mère ne m'ait pas nommée Germaine ou Simone, plutôt que de m'affubler d'un prénom absurde. Anastabotte, je vous demande un peu! Imaginez un jeune homme amoureux qui chante sous vos fenêtres une chanson composée en votre honneur. Avec quoi fait-il rimer Anastabotte? Avec botte? hotte? chipote? Quoi qu'il fasse, le résultat sera ridicule. Voilà pourquoi aucun jeune homme n'a jamais chanté sous mes fenêtres. J'en suis désolée. Mais je ne vais pas changer de prénom. Je n'ai plus l'âge des aubades.

J'ai toujours adoré cette petite Verte, une enfant gentille, polie, jolie et paisible. Je ne dis pas que sa mère ne l'aime pas. La vérité est qu'Ursule aime beaucoup sa fille. Mais elle n'a aucune patience. Elle s'est mis dans la tête de faire de Verte une grande sorcière. Quand sa gamine était encore tout bébé, elle guettait

déjà les signes de sorcellerie au-dessus du ber-
ceau. Au fur et à mesure des années, les choses
ont empiré. Elle observait longuement sa fille
qui jouait sagement près de nous puis elle me
regardait avec une mine consternée :

— Ma pauvre Maman, tu ne trouves pas
que Verte est terriblement banale ?

— Comment oses-tu dire ça de ta fille ?
Regarde comme elle est éveillée ! Regarde
comme elle joue bien !

Ursule secouait la tête avec décourage-
ment.

— Je me fiche pas mal qu'elle joue. Tu sais
bien ce que je veux dire. Il faut absolument
que Verte devienne une très bonne sorcière et
elle n'en prend pas le chemin.

— Il faut, il faut... Il ne faut rien du tout,
ma pauvre fille. Verte fera ce qu'elle voudra
et...

À ce stade de la discussion, en général,
nous nous disputions comme deux chiffon-
nières.

Ce cirque a duré dix ans. Ursule est devenue de plus en plus nerveuse. Et pendant ce temps Verte a grandi. Ce qui devait arriver est arrivé : elle a commencé à poser des questions à sa mère et à hausser le ton quand elle n'était pas d'accord avec elle.

Désormais, chaque fois que j'appelais Ursule au téléphone, je devais l'écouter se plaindre de sa fille. Et me taire. Quand elle entendait ma voix, on aurait dit qu'elle rêvait de me raccrocher au nez.

Un jour, j'en ai eu assez de ses récriminations. J'ai élevé la voix et je lui ai proposé de m'occuper moi-même de sa fille. À ma grande surprise, elle a accepté. Il faut dire qu'en matière de sorcellerie, j'ai fait mes preuves. Voilà comment un mercredi matin, j'ai sonné à leur porte pour emmener ma petite Verte passer le mercredi avec moi.

Je m'étais habillée pour la circonstance. J'avais demandé conseil à Mme Arsène, ma meilleure amie. Après avoir longuement hésité, nous avions choisi dans mon placard un ensemble de velours rouge et une ceinture en peau de varan. J'en avais secoué la poussière et je l'avais mis avec beaucoup d'émotion. C'était la robe que je portais le jour de mon mariage avec Gervais, le père d'Ursule. Je la contemplais avec une immense nostalgie quand Mme Arsène a remarqué gentiment:

— Ah ben ça, madame Anastabotte, on peut dire que vous l'avez bien aimé, votre mari!

Tant de souvenirs... Les larmes me sont venues aux yeux et je me suis assise un instant pour me remettre. Je n'ai plus l'âge de cacher mon chagrin.

— Eh oui, madame Arsène, nous nous entendions si bien tous les deux...

— Quel malheur qu'il soit mort si jeune en vous laissant avec votre petite fille!

— Mais quelle chance pour moi de l'avoir connu et de l'avoir aimé, ai-je dit.

En prononçant ces mots, j'ai retrouvé ma

sérénité. Après tout, quel plus grand bonheur que d'avoir épousé celui que j'aimais? Voilà ce que me rappelait cette robe.

Je redoutais qu'elle soit devenue trop petite après toutes ces années. Mais pas du tout. Elle a glissé sur moi et s'est adaptée comme si je l'avais mise la veille. Il me semble que cette robe était contente de me retrouver, elle aussi. Pour lui faire honneur, je me suis largement maquillée et je suis partie chercher ma petite-fille.

## 2

Verte m'a ouvert la porte de l'appartement. Elle était vêtue et coiffée. Son visage lisse évoquait la fraîcheur ravissante du printemps. Ursule, elle, évoquait plutôt les rigueurs de l'hiver. Visiblement je la sortais du lit. Hirsute, enroulée dans sa vieille robe de chambre, les traits tirés par la fatigue, elle semblait de fort méchante humeur. Il est vrai qu'elle n'a jamais aimé se lever. Tandis que je lui versais une tasse de café, elle m'a inspectée de la tête aux pieds. J'ai vu une expression d'horreur incrédule se dessiner sur son visage. Elle n'aimait pas ma robe, c'est clair. Ursule et moi n'avons jamais eu les mêmes goûts en matière de vêtements. Pour l'amadouer, je lui aurais bien raconté l'histoire sentimentale de ma robe rouge. Mais l'heure n'était pas aux confidences. Sitôt mon café avalé, nous avons donc filé, moi de ma démarche majestueuse et Verte trottinant sur mes talons.

En fermant la porte derrière moi et tandis qu'Ursule grommelait de vagues «bonne journée», je me sentais l'âme d'un agent double. Car je ne comptais pas infliger à ma pauvre Verte des leçons de sorcellerie obligatoires. Après tout, elle ne m'avait rien demandé, la pauvre gamine. J'entendais simplement lui expliquer les grandes lignes du métier pour qu'elle sache ce que sa mère attendait d'elle. Nous avions tout le temps de voir, ensuite, ce qu'elle préférait : que je lui enseigne ce que je savais ou que je l'emmène en promenade et au cinéma.

Somme toute, je n'espérais rien d'autre que de passer un peu de bon temps en sa compagnie. Notez que je n'ai pas toujours été aussi bienveillante. Dans ma jeunesse, j'ai passé des nuits entières à faire travailler ma propre fille.

Mais il faut croire qu'on se ramollit avec l'âge. Pour Verte, comme pour moi, je ne souhaitais plus que douceur de vivre et tranquillité d'esprit.

Nous avons fait la route à pied. J'habite une toute petite maison à deux étages dans une rue paisible. Au bout du couloir, la cuisine donne sur un jardin minuscule entouré de murs contre lesquels poussent des poiriers. Au début de l'hiver, je les taille soigneusement. Quand le printemps revient, ils se couvrent de fleurs blanches et mousseuses. À la fin de l'été, ils me donnent de grosses poires dures et sucrées que j'épluche pour le goûter.

Nous étions presque arrivées quand Verte a sursauté puis a ralenti le pas.

— Oh mince, a-t-elle dit, des garçons de ma classe. Qu'est-ce qu'ils font là?

Devant nous s'avançaient deux gamins en baskets et en blouson.

— Bonjour madame, a dit le plus grand en souriant poliment, bonjour Verte.

— Bonjour Soufi, a répondu Verte en baissant le museau. Bonjour Vincent.

— On va au foot, a annoncé Soufi à qui on ne demandait rien.

Comme Verte ne pipait mot, je me suis permis de répondre à sa place.

— Eh bien nous, nous allons chez moi. Nous passons le mercredi ensemble.

— Tu en as de la chance, a dit Soufi à Verte, d'avoir ta grand-mère tout près de chez toi. Moi je ne vois la mienne que pendant les grandes vacances.

— De quel pays viens-tu? ai-je demandé pleine de curiosité.

— De Bretagne. Mes grands-parents habitent Plouermel, ce qui explique que je ne les vois pas souvent.

Quand je pense que certaines personnes se plaignent du manque de politesse chez les jeunes! Ce Soufi n'était pas seulement poli. Il était aussi spontané et gentil. Je suis tombée sous le charme.

– Si tu veux une grand-mère près de chez toi, mon garçon, je suis là. J'habite la petite maison entre la papeterie et la laverie. Tu n'as qu'à venir sonner chez moi dans l'après-midi. Nous t'attendrons à l'heure du goûter. Nous mangerons des crêpes, n'est-ce pas Verte?

– Mmm, a fait Verte en baissant le menton comme si elle voulait le cacher dans sa veste.

– Et amène ton copain, ai-je ajouté.

– Merci madame, a murmuré le copain avec des mines renfrognées de grand timide.

– À tout à l'heure, a joyeusement lancé Soufi.

Les deux gamins ont continué leur route et j'ai fouillé dans mon sac pour en sortir mes clés. J'étais occupée à retourner un fatras d'objets divers à la recherche de mon trousseau quand j'ai remarqué que s'était installé entre Verte et moi un silence inhabituel. Depuis que nous avions rencontré ces garçons, Verte n'avait pas ouvert la bouche.

— Qu'est-ce qui se passe, Verte? J'ai fait une gaffe?

— Oh, pas vraiment. Mais je trouve bizarre que tu les aies invités. Je ne sais pas quoi leur raconter, moi, à Soufi et à Vincent...

— Ne t'inquiète pas, ce Soufi m'a l'air très capable de faire la conversation tout seul. Et tu seras sûrement contente de voir des jeunes de ton âge en fin de journée. Tu en auras par-dessus la tête de converser avec une vieille dame.

— Ma chère Mamie, a fait Verte en serrant ma vieille main dans la sienne, je ne m'ennuie jamais avec toi. Mais il faut que tu saches que même à l'école, les garçons sont d'un côté et les filles de l'autre. On ne se retrouve que pour jouer à la déli-délo. Les filles de ma classe n'invitent jamais les garçons chez elles. Elles en parlent, mais c'est tout.

— Et moi qui croyais que tu ne t'intéressais plus qu'aux garçons! Je vois que ta mère a encore exagéré.

Je me suis excusée pour la forme. Dans le fond, j'étais plutôt contente de moi. J'avais vu au premier coup d'œil que Soufi était un brave gars. Et moi aussi j'aime rencontrer de nouveaux amis.

# 3

— Ma chérie, tu sais que ta mère m'a demandé de t'expliquer un certain nombre de choses...

Nous étions assises l'une à côté de l'autre sur le banc vert, dans mon petit jardin, à l'ombre légère des poiriers. Verte a secoué la tête d'un air las.

— Oui, je sais qu'elle s'est mis en tête de faire de moi une grande sorcière, que je sois d'accord ou non. Ce que je ne comprends pas c'est pourquoi elle ne se contente pas d'être une grande sorcière, elle. Comme ça, elle pourrait me ficher la paix, à moi.

— Ma pauvre chérie, je crains que tu n'aies guère le choix. Tu es née sorcière et tu vas un jour te retrouver avec des pouvoirs. Il faudra bien que tu t'en arranges.

Verte avait l'air de plus en plus préoccupé.

— Vois-tu, Mamie, ce qui m'énerve le plus, c'est que je ne peux pas choisir. Ce n'est pas juste d'être obligée de faire des choses que l'on n'a pas envie de faire. Je suis très bien comme je suis. Je ne veux pas changer. Je ne veux pas ressembler à Maman. Elle n'a qu'à se ressembler elle-même puisqu'elle se plaît tant.

— Ne te moque pas trop de ta mère. Tu lui ressembles forcément un peu, quoi que tu en penses. Elle t'a transmis ses dons à la naissance. Même si elle t'avait abandonnée, même si elle ne s'était jamais occupée de toi, tu deviendrais quand même une sorcière. C'est comme ça. C'est la nature.

— Je suis contre la nature, a dit Verte.

J'ai posé la main sur son genou.

— Alors la bataille est perdue d'avance, ai-je remarqué. La nature gagne toujours ce genre de petite bagarre.

— Tant pis, je me battrai quand même.

Décidément, cette tête de mule ressemblait *vraiment* à sa mère. À contempler son visage furieux, ses yeux fixés sur ses chaussures, ses poings serrés posés sur ses genoux, je me retrouvais trente ans plus tôt. Je revoyais Ursule, ses révoltes et son obstination.

— Posons la question autrement, lui ai-je proposé. Qu'est-ce qui t'ennuie vraiment dans la sorcellerie? De devoir ressembler à ta mère?

Cette façon de voir les choses devait convenir à Verte parce qu'elle a levé les yeux vers moi en souriant.

— Oui, je ne veux pas de nez pointu, pas d'yeux de chat, pas d'attirail ridicule, pas de pouvoirs encombrants. Je veux seulement être moi.

— Je t'assure que tu peux très bien devenir une petite sorcière à ta façon particulière. Personne ne te demande de te déguiser. Rien ne t'oblige à ressembler à une chipie arrogante, ni même à te servir de tes pouvoirs. Mais il faut quand même que tu sois avertie. Ensuite, tu agiras comme tu le souhaites.

Cette fois, ma petite-fille a eu l'air soulagé. Elle a poussé un soupir, et j'ai vu ses épaules se détendre.

— Tu es sûre, Mamie?

— Certaine, chérie.

— Bon, alors explique-moi tout de suite et après nous pourrons nous amuser.

— Allons-y. Je t'emmène dans mon atelier.

Nous sommes descendues par le petit escalier qui mène à la cave où j'ai aménagé mon atelier. Il y avait un certain temps que je n'y étais pas entrée. Les herbes folles avaient poussé au pied de la lourde porte de fer. La clé a grincé dans la serrure rouillée. La porte s'est entrebâillée sur une paisible obscurité. Mon atelier dégageait un parfum doux où se mariaient la poussière, la marguerite et le champignon.

## 4

Depuis quelques années, je descends de moins en moins m'isoler à la cave. Je n'ai plus besoin de travailler. Je reçois une retraite suffisante pour vivre et il faut vraiment que l'on me supplie pour que je me remette à faire des tours.

— La dernière fois que je suis venue, ai-je dit à haute voix, c'était pour donner un coup de main à Mme Arsène. La pauvre se disputait sans cesse avec son mari et ne trouvait plus aucun intérêt aux petits bonheurs de l'existence. Elle avait une mine affreuse et un caractère de plus en plus pénible.

— Qu'est-ce que tu lui as fait, à Mme Arsène? a demandé Verte avec une pointe d'inquiétude dans la voix.

— Un tas de choses. Des crèmes et des lotions pour la peau et les cheveux, une potion pour la digestion, une autre pour le moral, des abonnements d'un an à des magazines distrayants…

— Il n'y a pas un gramme de sorcellerie dans tout ça, a protesté Verte. C'est à la portée de n'importe quel pharmacien ou de n'importe quel libraire!

— Ksss, ksss, petite ignorante. Je suis mille fois plus mystérieuse et mille fois plus efficace que tous les pharmaciens et tous les libraires du monde. En prime, j'ai envoyé quelques sorts désopilants sur sa maison, si bien que sa vie est devenue pendant quelques semaines une suite ininterrompue de joyeuses surprises, musique brésilienne au réveil, envol d'oiseaux multicolores sous ses fenêtres, escorte d'admirateurs devant sa porte, frigo fournisseur de menus diététiques et tutti quanti. Au bout de trois semaines de ce régime, crois-moi, ce n'était plus la même. Elle avait rajeuni de quinze ans et elle s'était inscrite à un cours de danse africaine.

— C'est ça la sorcellerie? Je croyais que ça ne servait qu'à empoisonner le chien des voisins.

— Tu vois bien que tu n'y connais rien! Je savais bien que tu te faisais des idées fausses.

— Pas si fausses que ça. Maman passe son temps à fabriquer des mixtures pour enquiquiner les voisins.

— C'est ce qu'elle veut bien te laisser voir. Qu'est-ce qui te dit qu'elle ne fait pas autre chose, hein? Et d'autre part, avec tout le respect que je dois à ta mère, je remarque qu'elle n'a pas une activité très intéressante, ni très variée. Elle n'est pas au meilleur de sa forme depuis quelques mois. Quelquefois je me dis que je devrais lui appliquer le traitement qui a si bien réussi à Mme Arsène.

Nous avons descendu les marches de pierre qui mènent à la cave. Autour de nous, dans la pénombre, se dessinaient les tables de travail surmontées par les étagères. Au centre de la pièce, suspendues au-dessus d'un petit feu ouvert, trônaient mes cornues.

— Veux-tu allumer? L'interrupteur est à côté du téléphone, sur ta droite en entrant.

L'ampoule a un peu grésillé mais elle a tenu bon. J'ai jeté un regard satisfait autour de moi. Mis à part un fin tapis de poussière poisseuse, mon atelier avait fort bonne allure. Je ne suis pas de celles qui laissent derrière elles un ignoble désordre et j'ai toujours pris bien soin de mon lieu de travail.

— Regarde comme tout est propre, ai-je dit à Verte. Je répétais toujours à ta mère que son atelier devait demeurer aussi net que le bureau d'une secrétaire.

— … a répondu Verte.

Je me suis alors tournée vers elle et j'ai constaté qu'elle regardait mon bon vieil atelier avec des yeux exorbités.

— Qu'est-ce que c'est que ÇA? a-t-elle fini par demander d'un ton accusateur en tendant le doigt vers un mur.

— Eh bien, ce sont de petites chauves-souris. On les ouvre en deux et on les met à sécher pour les conserver. N'est-ce pas que c'est mignon, ces bestioles éventrées? On dirait de petits manteaux taillés pour des gnomes.

— Et ces trucs, là-bas, dans les bocaux posés sur l'étagère?

— Hum, ce sont des mandragores dans du formol.

— Mais c'est dégueulasse, on dirait de monstrueux petits hommes avec des racines.

J'ai toussoté, un peu gênée.

— C'est un peu ça, les mandragores. Des êtres à moitié végétaux, à moitié autre chose. D'ailleurs, elles poussent des cris quand on les déterre. Rigolo, non? ai-je ajouté à mi-voix.

— Ignoble, a dit Verte. Ne m'en raconte pas plus, j'ai déjà envie de vomir.

Je n'avais pas l'intention de m'étendre plus longtemps sur les mandragores. C'est un sujet pénible. Les mandragores naturelles poussent au pied des gibets et des arbres aux branches desquelles se balancent des pendus. Pour quelqu'un qui n'est pas habitué, je conçois que c'est un peu révoltant. Pourtant il n'y a pas de quoi se monter la tête : on trouve aujourd'hui des mandragores de culture élevées sous serre en Hollande, et même des substituts synthétiques.

Mais ma petite-fille n'était pas d'humeur à écouter des arguments raisonnables. J'ai compris qu'il valait mieux que je me taise. Je me sentais de plus en plus piteuse. Je me demandais si cette visite d'atelier était vraiment une bonne idée.

Le regard de Verte allait des bocaux d'insectes aux bocaux de serpents. Il s'arrêtait par instants aux schémas de corps déformés affichés sur les murs. Il se heurtait aux griffes d'ours desséchées et aux pattes d'oiseaux suspendues par ordre de taille. Heureusement que j'avais abandonné mes élevages ! J'imagine sa tête à la vue des cages grouillantes de scorpions, de rats ou de scolopendres…

Parmi la rangée des boîtes de poudre (de plantes, d'os, de minéraux, d'organes), j'avisai une boîte de thé. Je pris la boîte d'une main et de l'autre j'attrapai une cornue pour y faire bouillir de l'eau.

— Une petite tasse de thé, ma chérie? ai-je proposé. Du Darjeeling?

— Jamais de la vie, a hurlé Verte.

Elle s'est assise lourdement sur un tabouret comme si ses jambes étaient soudain trop faibles pour la porter. Pauvre chérie, ses nerfs étaient en train de la lâcher.

— Mais enfin Mamie, comment peux-tu travailler dans un endroit aussi dégoûtant? Toi qui es si gentille.

J'adore que ma petite-fille me dise que je suis «si gentille». Quand je mourrai, quand je monterai au ciel pour rencontrer Dieu assis au milieu des justes, quand ils pèseront mon âme pour évaluer le poids de mes péchés, je leur rappellerai que, pour Verte, j'ai été «si gentille». Et je suis bien certaine qu'ils me jugeront avec modération. Je n'espère pas profiter d'un palace au paradis. Mais enfin, je me vois bien installée dans une loge modeste, à l'entrée du jardin d'Éden, dans les courants d'air.

— Mon gros bébé, ai-je souri benoîtement, je ne vois pas ce qui te choque tellement ici.

— Comment, tu ne vois pas? Mais regarde! On dirait que tu as fait exprès de rassembler ici tout ce qui existe de plus répugnant et de plus morbide au monde. Qu'est-ce que tu peux faire avec ça?

— Un tas de tours formidables, crois-moi.

— Mais quoi de beau, quoi de bon, quoi d'heureux pour les gens?

La pauvre gamine! Décidément, elle était bien jeune. Il fallait que je lui montre que les choses ne sont pas toujours aussi simples qu'elles paraissent. Et que de l'ombre peut naître la lumière.

— Tiens-toi tranquille cinq minutes sur ton tabouret. Et je vais te montrer ce qu'une bonne sorcière peut faire avec des horreurs séchées ou conservées dans un bocal. Ensuite seulement tu me jugeras.

Je voulais faire séduisant, simple et spectaculaire. J'ai choisi le tour de l'ombre bleue.

## 5

Pour être tout à fait franche, je ne me souvenais plus très bien du détail des opérations. La mémoire vacille avec l'âge et je manquais d'exercice. Il a fallu que je me replonge quelques instants dans l'un de mes vieux cahiers.

Dès le début de ma carrière, j'ai pris l'habitude de noter soigneusement mes recettes et mes expériences dans de gros et solides cahiers. Ils contiennent aujourd'hui tout ce que je sais. Autant dire qu'ils constituent un rare trésor. Ursule m'a souvent demandé de les lui offrir. J'ai toujours refusé.

Ce qu'on ne fait pas pour sa fille, on est prête à le faire pour sa petite-fille. La naissance de Verte était venue bouleverser mon égoïsme. C'est donc à elle que j'ai décidé de les léguer. J'ai inscrit cette clause dans mon testament : «Pour Verte, les cinq gros cahiers intitulés *Tics et tactiques d'Anastabotte*, afin qu'elle en prenne grand soin et qu'elle honore ma mémoire».

Le papier parcheminé crissait sous mes doigts. Il fleurait bon la conspiration nocturne. Quel plaisir de refaire les gestes anciens... Dans le deuxième cahier, j'ai retrouvé ma recette. Comme j'en avais le souvenir, l'ombre bleue faisait appel à un certain nombre d'ingrédients de mauvais aloi, tels justement la mandragore, le scolopendre, des baves diverses et différents fluides dont j'éviterai le détail pour épargner les âmes sensibles.

À la fois pleine de nostalgie et d'excitation, je chantonnais en attrapant sur les étagères le matériel nécessaire, végétal, minéral et animal. À moi le poil, la corne et le suc. J'ai coupé, râpé et écrasé. J'ai cuit, bouilli et frit. J'ai mélangé, séparé et distillé. J'ai mené à bien toute ma cuisine de sorcière. Rouge, décoiffée, les mains couvertes de poix brune, je devais avoir l'air d'une possédée.

— Oh Verte, j'ai presque fini.

Posée comme une chose sur son tabouret, Verte me contemplait avec une stupéfaction teintée de méfiance.

— Tu as fini QUOI?

La pauvre chérie! Emportée par ma vieille passion, j'avais oublié de lui présenter l'ombre bleue.

— Je vais faire naître une sorte de rêve téléguidé que nous allons envoyer à quelqu'un. Quand elle aura atteint cette personne, l'ombre bleue la fera disparaître quelques instants dans un tourbillon coloré. L'opération est à la fois agréable et jolie. Et elle est sans danger. À qui veux-tu que je l'envoie?

— Euh, je ne sais pas...

— Dépêche-toi! C'est prêt!

— Alors à Soufi...

Une fumée dense, d'un très beau bleu lavande, a commencé à monter dans la cornue. Fluide et unie, gracieuse comme un être vivant, elle a glissé par le long bec de verre. Je l'attendais à la sortie. Je l'ai guidée par de larges mouvements des mains en psalmodiant un sortilège où revenait le nom de Soufi.

Au lieu de se disperser dans la pièce comme une vulgaire fumerolle, l'ombre bleue est restée entière, scintillante, traversée de cent nuances, semblable à une écharpe douée de conscience. Elle a dansé un moment devant nous avant de quitter l'atelier, traversant les murs comme si elle ne rencontrait aucun obstacle. Alors j'ai frotté les mains sur mon tablier, j'ai repoussé les mèches de cheveux qui pendaient devant mes yeux et j'ai demandé négligemment à Verte:

— Alors?

— Je n'ai jamais rien vu d'aussi magique, a-t-elle reconnu.

— Comprends-tu maintenant qu'avec ces

choses que tu trouves répugnantes et morbides nous fabriquons des merveilles?

— Je ne sais pas, a fait Verte. Je suis comme saint Thomas, je ne crois que ce que je vois. J'attends de retrouver Soufi.

— Souviens-toi simplement, saint Thomas en jupon, que le pouvoir de faire du rêve est à portée de ta main. Si tu veux t'en servir, bien entendu.

— Tu penses toujours à me faire la morale, hein?

Cette petite raisonneuse ne se laissait pas convaincre au premier coup de bluff. J'ai nettoyé la cornue, j'ai rangé mes bocaux et mes outils et j'ai ôté mon tablier. Puis je me suis dirigée noblement vers la porte.

— Allez ma grande, viens avec moi. J'en ai fini pour aujourd'hui avec les démonstrations épatantes. Il est temps de préparer le déjeuner.

Nous sommes remontées à la lumière du jour, nous avons fait la cuisine en parlant de choses et d'autres, nous avons mangé face à face. Puis j'ai proposé à Verte de jouer dans le grenier. Elle passe des heures à farfouiller dans les placards à la recherche de photos anciennes, de vieux vêtements et de tous ces objets curieux qui s'accumulent en désordre dans un grenier tout au long d'une vie.

Pour ma part, je me suis confortablement installée au salon, dans mon vieux fauteuil de cuir, un livre ouvert sur les genoux.

Je somnolais paisiblement quand la sonnette a retenti. J'ai sursauté. J'ai regardé l'horloge. Quatre heures et demie, l'heure du goûter : c'était sans doute le garçon que j'avais invité, dans la rue, le matin même. Soufi. Je l'avais presque oublié, celui-là.

# 6

Au bruit de la sonnette, j'ai entendu une brève cavalcade dans les escaliers. Puis, plus rien. Verte s'était sans doute précipitée, puis arrêtée à mi-étage pour me laisser ouvrir la porte à son camarade.

— Je suis contente que tu sois venu, ai-je dit au jeune garçon qui se tenait sur le seuil, les bras ballants, le sourire avenant. Ton copain n'est pas avec toi?

— Vincent est très timide, a répondu Soufi. Et sa mère n'aime pas qu'il soit invité chez des gens qu'elle ne connaît pas. Ça va, Verte?

Ma petite-fille s'était enfin décidée à finir de descendre l'escalier et elle remontait le couloir en secouant la tête d'un air dégagé.

J'ai emmené les enfants dans la cuisine, je les ai fait asseoir à table et j'ai sorti du frigo un saladier de pâte à crêpes. Assise à côté de Soufi, Verte contemplait ses ongles avec un immense intérêt. En fait, nous attendions impatiemment toutes les deux que Soufi mentionne l'aventure incroyable qui lui était arrivée, tout à l'heure, quand une sorte de tornade bleue…

— Alors, vous vous êtes bien amusés au foot? a fini par demander Verte d'un ton dégagé.

— Oui, oui… a répondu Soufi. L'entraîneur est génial. Mais…

Ce garçon était clairement troublé. Il fronçait les sourcils et semblait hésiter à raconter ce qui lui pesait sur le cœur. En fin de compte, il s'est lancé.

— Figurez-vous qu'il m'est arrivé tout à l'heure quelque chose d'incroyable.

— Ah oui? a fait Verte d'une voix chevrotante tandis que je laissais un morceau de beurre noircir dans la poêle.

— Raconte-nous, mon garçon, ai-je proposé d'une voix amène en ôtant la poêle de la cuisinière avant qu'elle prenne feu.

— J'ai peur de passer pour un fou...

— Ici tu ne risques rien, a remarqué Verte. Nous avons l'habitude des dingues. Nous-mêmes...

— Eh bien, j'étais assis sur le banc de touche, en train de regarder un match amical, quand j'ai vu tourbillonner une sorte de colonne de fumée bleue. Elle s'est avancée directement vers moi, comme si elle me cherchait. On aurait cru qu'elle était intelligente. J'ai voulu me lever pour lui échapper mais j'étais paralysé. Arrivée sur moi, elle m'a enveloppé. À l'intérieur régnait une douceur tiède, parfumée, colorée. Je baignais là-dedans comme dans un rêve. Puis, d'un coup, tout s'est arrêté. Et je me suis retrouvé par terre, assis sur les fesses, à l'autre bout du terrain de foot, sous le regard intrigué d'un copain qui s'appelle Kevin.

— Qu'est-ce que c'est que ce nouveau truc? a fait Kevin. Un coup tu étais là-bas, maintenant tu es ici. Tu vas plus vite que la lumière ou quoi?

Les autres étaient trop occupés par le match pour avoir remarqué ce qui m'arrivait. Kevin, quant à lui, n'arrivait pas à croire ce qu'il avait vu. Il a secoué la tête comme si je venais de lui faire une mauvaise blague.

— Toi, t'es un petit plaisantin, non? a-t-il bougonné en me décochant un vigoureux coup de pied dans le bas du dos. Retourne sur ton banc, gros malin.

Toute l'histoire n'a pas duré plus de deux minutes, mais il me semble que j'ai vécu une expérience de dématérialisation. Comme si j'avais été enlevé par des extraterrestres.

Pendant le récit de Soufi, ni Verte ni moi n'avons pipé mot. Verte souriait avec malice tout en couvant son ami des yeux. Je faisais allégrement sauter les crêpes qui volaient à travers la cuisine comme de fines raies Mantra.

Soufi s'est arrêté de parler et il nous a regardées avec étonnement. J'imagine que nous devions avoir l'air bizarre, toutes les deux, à le fixer en silence avec des yeux de mérou.

— Incroyable, a lancé Verte pour rompre le silence.

— Tu es peut-être somnambule, ai-je proposé. Tu t'es endormi, tu as rêvé et tu es allé toi-même à l'autre bout du terrain.

— Peut-être, a dit Soufi. Peut-être…

J'ai déposé devant lui une crêpe remarquablement réussie, croustillante sur le dessus et moelleuse en dedans.

— Un peu de sucre?

Nous nous sommes empiffrés tous les trois jusqu'à n'en plus pouvoir. Puis j'ai suggéré à Verte de faire visiter le grenier à son ami.

— Le grenier, n'est-ce pas? Pas la cave, hein Mamie, m'a lancé cette rigolote.

Les deux enfants ont disparu dans les étages et j'ai rangé la cuisine en attendant l'heure de ramener Verte chez elle. À cinq heures et demie, le jeune Soufi a frappé à la porte de la cuisine.

— Je viens vous dire au revoir, a-t-il dit en me tendant la main et en me regardant intensément sous le nez.

— Au revoir mon garçon, ai-je répondu en lui secouant la main. Au revoir, ai-je insisté.

Mais ce grand dadais ne bougeait pas. Il restait planté en face de moi, à me contempler comme si j'étais la huitième merveille du monde. Puis il s'est retourné vers Verte et l'a dévisagée.

— Verte ne vous ressemble pas beaucoup, a-t-il enfin remarqué.

Il semblait déçu.

— Elle ressemble peut-être à sa mère.

— Oh non, ai-je fait, pas tellement.

— À son père?

— Tais-toi, petit malheureux.

— Excusez-moi, a fait Soufi avec un petit sourire gêné. J'ai l'impression que Verte ressemble à quelqu'un. C'est une idée fixe.

– Ce n'est rien, mon grand. Nous avons tous nos petites manies. Mais dépêche-toi de rentrer chez toi, ta mère va s'inquiéter.

Le soir, sur le chemin du retour, Verte a glissé sa main dans la mienne.

– Tu sais, Mamie, c'était une drôlement bonne journée.

– J'en suis ravie, ma chérie.

– Mais ça ne m'intéresse toujours pas de devenir sorcière. Je n'ai pas envie d'apprendre. Je préfère que ce soit toi qui fasses les tours. Ça te fait de la peine ?

– Oh non, ma puce, je n'ai rien à vendre. Du moment que tu es contente, toi...

– Moi, a-t-elle dit en sautillant à mon côté, moi je suis très contente. Je n'ai jamais rien vu d'aussi beau et d'aussi drôle que l'ombre bleue. On recommencera mercredi prochain ?

– Je verrai, ai-je répondu.

En la laissant à sa mère, je n'étais pas mécontente de moi.

# 7

Le lendemain matin, je parcourais le journal en buvant un café bien fort quand le téléphone a sonné. À ma grande surprise, c'était Ursule. J'ai jeté un coup d'œil à l'horloge de la cuisine. Huit heures du matin. Très tôt, trop tôt pour elle. À l'autre bout du fil, la voix tremblait d'excitation.

— Anastabotte, tu ne devineras jamais...

La veille au soir, Verte avait réussi à briser toute sa vaisselle sur un simple mouvement d'humeur. Elle avait ensuite déchaîné le vent contre les fenêtres de l'appartement. Bref, à ce que disait sa mère, elle venait de faire ses premiers pas de sorcière. Un peu tôt à mon avis. Pour une gamine qui n'avait aucune envie d'étudier, tout cela était prématuré.

— Les événements importants d'une vie ne doivent pas être prématurés, ai-je remarqué. Chacun doit arriver à son heure, ni plus tôt ni plus tard. Grâce à Dieu, la nature…

— Bon sang! Arrête de me parler de Dieu à tout bout de champ! a crié Ursule.

Et elle m'a raccroché au nez une fois de plus.

Le mercredi suivant, quand je suis venue chercher Verte chez ma fille, son accueil manquait de chaleur. Un petit bonjour maigrichon, un baiser du bout des lèvres, un sourire crispé collé au visage: ma petite-fille se méfiait de moi. Elle pensait sûrement que j'étais pour quelque chose dans la révélation qui lui était tombée dessus. Mais je n'avais pas l'intention de m'expliquer devant Ursule. J'ai attendu que nous soyons dehors.

— Je t'assure que je n'y suis pour rien. C'est arrivé, voilà, on ne va pas en faire une maladie.

— Et pourquoi je n'en ferais pas une maladie?

— Parce que ça n'en vaut pas le coup. Qu'est-ce qui te rend si furieuse, dans le fond?

Verte m'a jeté un regard accusateur. Sa voix a chevroté légèrement. Je devinais que les larmes n'étaient pas loin.

— Moi je voulais être normale, rencontrer un garçon, me fiancer et puis me marier. Maintenant c'est fichu. Je vais devenir insupportable, toujours à manigancer des sales coups dans le dos des gens et personne ne m'aimera. Je serai toute seule toute ma vie, comme Maman.

La pauvre fille croyait sincèrement que sa mère était le modèle de toutes les sorcières du monde. J'adore Ursule, d'accord. Mais enfin, il faut avouer que pour une gamine de onze ans, elle faisait un modèle plutôt déprimant.

— Espèce d'andouille, lui ai-je dit, personne ne t'oblige à vivre seule. Tu es libre de te comporter comme tu le souhaites. Tu es bien jolie et bien gentille, et même si tu n'es pas très futée, je te promets que tu rencontreras un brave garçon qui fera un bon mari.

— Comment ça je ne suis pas très futée !...

Verte s'est essuyé les yeux et elle a haussé les épaules en riant.

— Moi, ai-je dit, je me suis très bien entendue avec ton grand-père. Malheureusement il est mort trop tôt pour que tu le connaisses. Ta mère était encore une petite fille. Si tu veux des renseignements, demande à Mme Arsène ce qu'elle pensait de Gervais.

— Mais je n'ai pas de père, moi. Pourquoi ?

— Parce que ta mère est une tête de mule. Je crois bien qu'elle a été très amoureuse de ton père. Mais un beau jour, Dieu seul sait pourquoi, elle a décidé de s'en débarrasser. Elle ne l'avouera jamais mais je suis sûre qu'aujourd'hui elle le regrette.

— C'est de sa faute, a dit Verte. Je ne ferai pas comme elle.

— Tu feras ce qui te chante. D'ailleurs si je me fie à l'air éperdu avec lequel ce Soufi te regarde, je parie que tu auras bientôt plus de fiancés que tu ne l'imagines.

— Pfff, a fait Verte en inclinant la tête avec modestie, Soufi n'a rien à voir avec toutes ces histoires.

Deux heures plus tard, nous étions toutes les deux dans le jardin, penchées vers le sol, traquant sans pitié les mauvaises herbes parmi les fleurs. J'écoutais roucouler les colombes du voisin, un délicieux soleil de printemps me chauffait le cou et je réfléchissais à ce que j'allais préparer pour le déjeuner quand Verte a annoncé :

— J'ai demandé à Soufi de venir goûter avec nous. Ça ne t'ennuie pas ?

— Pas du tout. Mais auparavant j'aimerais avoir une discussion sérieuse avec toi sur ce que tu vas faire de tes pouvoirs. Si tu veux, je peux t'apprendre quelques tours. Pour commencer, je peux t'enseigner celui de l'ombre bleue. À moins que tu n'aies une meilleure idée.

— Justement, j'ai une idée. Voilà ce que je voulais te demander…

— Pas question de revenir dans le passé, ni d'autres blagues de ce type. Nous sommes des sorcières, pas des écrivains de science-fiction. D'accord?

— J'ai compris. Mais je ne demande rien d'extraordinaire. Je veux juste retrouver mon père.

— Quoi!

— Ben oui, ça ne doit pas être si compliqué. On n'a qu'à fabriquer une sorte d'ombre bleue fureteuse et…

— Pas si vite, papillon! Si ton père est toujours en vie, nous finirons bien par le retrouver. Mais imagine la tête de ta mère quand elle te verra bras dessus, bras dessous avec lui. As-tu pensé à ce qu'elle dira? Et lui, crois-tu qu'il sera content de nous retrouver après toutes ces années d'absence?

Verte a secoué la tête d'un air buté.

— Je me fiche pas mal de ce qu'ils pourront penser. Mon père est mon père et j'ai bien le droit de faire sa connaissance.

Elle a arraché sauvagement le pied de soucis qui dévorait mon massif d'impatiences. Sacrée gamine, elle désherbait comme une championne. Et elle n'avait pas tort. Maintenant qu'elle était sorcière à part entière, rien ne pouvait l'empêcher de partir à la recherche de son père. Je ne me sentais pas le droit de lui mettre des bâtons dans les roues.

## III
### CE QU'EN DISAIT VERTE
### (La voix d'une fille)

### 1

Elle aurait pu faire l'effort de m'appeler Violette. Mais non, il a fallu qu'elle choisisse Verte. Quelquefois j'ai envie de l'attaquer en justice. Mais quelquefois je l'aime et j'ai envie de lui offrir des vacances de rêve à Honolulu. Rien n'est plus fatigant qu'une mère. Étant entendu que je ne sais pas ce que c'est qu'un père.

J'ai toujours vécu avec ma mère. Pendant des années, je n'ai pas eu à m'en plaindre, au contraire. Elle était un peu étrange, certes.

Elle ne ressemblait pas aux mères de mes copines. En un sens, tant mieux : elle avait une allure folle, elle disait des gros mots et elle m'emmenait au cinéma pour un oui pour un non. Mais sa qualité de sorcière présentait aussi quelques désavantages. Elle passait un temps fou dans sa cuisine à marmonner devant sa Cocotte-Minute en regardant bouillir de dégoûtantes purées brunâtres. L'appartement empestait pendant des jours. Et les catastrophes s'abattaient sur l'immeuble. Fuites d'eau à tous les étages, décès foudroyants de chiens du voisinage, éruptions de boutons sur des familles entières. Il fallait ensuite affronter pendant des semaines les remarques furieuses des habitants de l'immeuble.

Pour m'épargner les ennuis, j'ai réussi très tôt à l'éloigner des abords de l'école. Si je l'avais laissée faire, elle se serait sûrement mêlée de ma scolarité. D'autant qu'en général elle ne pensait pas beaucoup de bien de la directrice, ni de mes instituteurs. Aussi j'aimais autant qu'elle reste à bonne distance. À cette condition, je passais pour une fille à peu près normale.

Dans le fond, nous nous entendions bien. Quelquefois même nous nous amusions franchement. Quand j'étais petite, elle mettait le monde à mes pieds. Elle faisait venir les oiseaux pour qu'ils mangent dans ma main. Elle changeait en un tournemain la couleur de mes robes. Elle s'arrangeait toujours pour qu'il y ait des tas d'enfants lorsque j'allais jouer au square. Je gagnais toujours les jeux de cache-cache qu'elle organisait. Au milieu de l'après-midi, elle nous distribuait des glaces à la menthe et des bonbons en forme de tête de mort. Nous étions si heureuses toutes les deux que je n'avais besoin de personne d'autre dans la vie. Elle me suffisait.

Nos relations se sont dégradées quand j'ai grandi. Elle s'est mis en tête de faire de moi une sorcière. Regards inquisiteurs matin et soir, remarques déplaisantes vingt fois par jour, rappels réguliers de tous les espoirs qu'elle avait placés en moi: elle est devenue complètement obsédée. Il a suffi de quelques semaines pour que je perde à jamais celle que j'aimais, ma mère si patiente et si drôle. J'ai appris à connaître une nouvelle mère, exigeante et dure.

J'ai perdu l'habitude de lui raconter les petites histoires d'école qui autrefois la faisaient rire. Elle ne m'écoutait plus, elle ne me voyait plus, elle ne me comprenait plus. Quand je parlais de mes amis, elle levait les yeux au ciel. Je me souviens par exemple d'un soir où elle s'est moquée méchamment de Soufi. À l'époque, je ne savais pas encore qu'il était mon meilleur ami. J'étais juste contente qu'il s'intéresse à moi. Mais en deux minutes, Maman a trouvé le moyen de me dire qu'il était idiot, vulgaire, commun et qu'il faisait le malin. Sur le coup, j'ai eu envie de pleurer. Ensuite j'ai appris à me taire.

Et je me suis ennuyée, de plus en plus fréquemment. Je n'avais plus l'âge d'aller au square et on ne peut pas passer sa vie au cinéma. Enfermée avec elle dans l'appartement, je tournais en rond des après-midi entiers. Il n'était pas question d'inviter des amis. D'une part, il y a fort à parier qu'ils ne lui auraient pas plu. D'autre part, je n'avais pas envie qu'ils la voient en train de bricoler dans sa cuisine, parlant toute seule à sa Cocotte-Minute, habillée comme l'as de pique, un fichu sur la tête, entourée de fioles inquiétantes et de cadavres d'insectes (dans le meilleur des cas).

J'enviais les familles normales, un père, une mère et deux ou trois enfants auxquels on ne demande rien de plus que d'être serviables à la maison et polis à l'école. Moi, pour commencer, je n'avais pas de père. Pourquoi? Mystère. Ma mère, qui n'avait pas jugé bon de me donner un père, ne voyait pas l'intérêt de m'expliquer les raisons de son absence. À force de traîner à longueur de week-ends dans l'appartement vide, j'arrivais complètement déprimée au lundi matin. Il me fallait une journée d'école pour me remettre le moral à flot. Heureusement qu'il existe une école pour réparer les soucis familiaux.

Je crois que le fond de mon caractère est doux et paisible. Mais pour me défendre, je suis devenue lointaine, moqueuse et souvent désagréable. Heureusement que j'ai ma grand-mère. Elle habite près de chez nous. Sa maison est mon refuge. Ma mère et ma grand-mère se disputent souvent, ce qui ne veut pas dire qu'elles ne s'aiment pas. Mais elles ne peuvent pas s'empêcher de se chamailler. Depuis quelque temps, je suis la raison principale de leurs bagarres. Ma grand-mère prend ma défense à tort et à travers, ce qui énerve ma mère, et leurs conversations tournent au drame une fois sur deux.

## 2

Il y a quelques semaines, Ursule et Anasta-botte ont comploté toutes les deux dans mon dos. À force d'entendre ma mère se plaindre de moi, Anastabotte lui a proposé de me gar-der tous les mercredis. Au départ, j'étais contente. Mais je me suis vite rendu compte que l'objectif de ces journées était de m'ame-ner à devenir sorcière comme elles. Anasta-botte faisait semblant d'être de mon côté. Mais on ne change pas son naturel. Tout en jouant les gentilles, elle ne pensait qu'à me réconci-lier avec ma mère.

Mais peu importe leurs manigances fami-liales. Je suis de taille à me défendre. Et le pre-mier mercredi a été assez drôle. Même quand elle me fait la leçon, Anastabotte s'arrange toujours pour m'épater. Le matin, elle m'a donc emmenée dans son atelier. Si elle voulait m'impressionner, elle a réussi son coup.

L'atelier. À moins de l'avoir vu de ses propres yeux, personne ne peut se représenter un endroit plus sordide. Cette dingue avait rassemblé dans un coin de sa cave tout un lot de déchets dont même les décharges ne voudraient pas. Sa collection d'horreurs allait des cadavres de bestioles desséchées aux sirops puants dont ma mère fait un si grand usage. On se serait cru à la foire, stand du train fantôme.

En me présentant son domaine, Anastabotte arborait un petit air bravache et fiérot. Une vraie gamine. Mais je n'ai rien dit. Assise sur un tabouret collant, je l'ai laissée tournoyer dans son décor de Grand Guignol en attendant qu'elle se lasse et qu'elle nous remonte au jardin.

C'est là qu'elle m'a surprise. Voyant que je

n'étais pas convaincue par l'atelier, elle m'a fait une démonstration de ses talents. Elle a cherché dans ses vieux bouquins un tour de passe-passe qui ne soit ni nuisible, ni dangereux. Et elle s'est arrêtée sur l'ombre bleue.

J'ai beau me méfier comme de la peste de la sorcellerie, je donnerais cher pour feuilleter les bouquins d'Anastabotte. D'abord ils sont beaux, écrits à la plume sur d'épaisses pages beiges, illustrées de dessins, parfois noirs, parfois coloriés. Ensuite, j'adore les recueils de recettes. Il suffit de les lire pour avoir l'impression que tout est possible, que le monde est à portée de main. J'ai ce sentiment pour les livres de cuisine, les manuels de broderie et les guides de jardinage. Mais je n'aurai sans doute jamais le plaisir de me plonger dans les cahiers d'Anastabotte. Maman les lui a déjà demandés mais Anastabotte a toujours refusé de s'en séparer, même pour les prêter. Autant dire que je n'ai aucune chance.

Mais je reviens à l'ombre bleue. Mamie

s'est mis en tête de fabriquer dans un de ses vieux alambics une sorte de fantôme bleu capable de se diriger sur une personne et de la faire disparaître quelques secondes. Bref, un truc long, compliqué et complètement inutile.

Dehors il faisait soleil et j'étais un peu énervée de rester dans la cave à regarder ma grand-mère patouiller des mixtures nauséabondes sans même mettre de gants. Mais je reconnais que le résultat valait le coup : quand l'ombre bleue a eu fini de cuire et qu'elle est sortie de la marmite, quand elle s'est mise à gambader dans la pénombre de la cave avant de filer en traversant les murs, je suis restée bouche bée de stupéfaction, les fesses collées sur mon tabouret. Le spectacle était extraordinairement joli. Tellement beau que j'aurais aimé que la forme bleutée m'enveloppe, moi, et me fasse disparaître quelques instants dans ses drapés.

Mais à ce moment, Mamie s'est énervée. Cette étourdie s'était tellement appliquée à réussir son tour qu'elle en avait oublié de choisir à qui elle allait l'envoyer. Elle m'a sommé de désigner une victime. Prise de court, j'ai réfléchi à toute vitesse. Et j'ai balancé le nom de Soufi avec une joie vengeresse. Voilà comment Soufi s'est fait ensorceler, un mercredi matin, en plein match de foot. Heureusement qu'il était sur le banc de touche.

J'ai pensé à Soufi parce que nous l'avions rencontré dans la rue le matin même, flanqué de Vincent. J'étais assez embarrassée de les croiser en dehors de l'école, surtout main dans la main avec Anastabotte dans son flamboyant costume de velours rouge. Mon embarras s'est changé en gêne épaisse quand Mamie s'est mis en tête de leur faire la conversation. Soufi, qui n'a peur de rien, lui a raconté sa vie, là, sur le trottoir. Ils semblaient si contents tous les deux que je me suis demandé un moment si je n'allais pas les planter là pour les laisser à leur intéressante discussion. Je n'en ai évidemment rien fait. Je suis mal embouchée mais je n'aime pas le scandale. Je suis restée immobile et muette, me contentant de rentrer le cou dans ma veste. J'aurais mieux fait d'intervenir pour accélérer les adieux. Parce qu'après quelques propos anodins, Mamie n'a rien trouvé de mieux que d'inviter Soufi à goûter. J'ai cru que j'allais m'évanouir de honte. Soufi a accepté, bien entendu. Il me dévisageait avec des yeux pétillants, enchanté de la situation tandis que cette nouille de Vincent me regardait par en dessous.

Autant dire que j'ai été assez contente de pouvoir l'ensorceler par ombre bleue interposée. Ça lui apprendrait à se faire inviter par ma grand-mère et à se moquer de moi en pleine rue.

Après l'opération Ombre bleue, Mamie m'a enfin laissée quitter la cave. Nous sommes revenues au jour et le reste de la journée s'est déroulé normalement. J'ai joué dans les étages. J'ai fouillé dans les armoires de Mamie où j'ai découvert de vieilles choses oubliées par le temps. Mamie m'a donné de très jolies corbeilles d'osier qui dataient de son mariage.

À l'heure du goûter, comme prévu, Soufi a pointé son museau. Nous étions toutes les deux mortes de trac quand il nous a raconté son enlèvement. Pour ne pas rire bêtement, je me pinçais les paumes des mains et Mamie serrait ses lèvres fines en contemplant sa pâte à crêpes d'un œil de chouette. Nous avons englouti une montagne de crêpes au sucre.

Puis Mamie s'est remise à lire et Soufi et moi avons passé le reste de l'après-midi dans le grenier. Je lui ai montré les trésors enfermés dans les armoires, les vieux vêtements, les photos encadrées, et les petits objets rangés par dizaines dans des boîtes à chaussures, les poupées en coquillages, les œufs peints, les petites cuillères au manche décoré…

— Oh, la chance ! répétait sans cesse Soufi. La chance que tu as d'avoir une grand-mère et de pouvoir t'amuser avec toutes ces choses de l'ancien temps. Regarde ce vieux truc à musique. Je suis sûr que si je remonte la manivelle, nous pourrons écouter un disque. Prends-en un dans la pile.

Le phonographe marchait et nous avons écouté plusieurs galettes lourdes et noires. La musique craquait, les voix graves ou stridentes alternaient avec les mélodies sautillantes et les airs de fanfare. Soufi me regardait en riant.

— Encore celui-là, disait-il en fouillant dans les disques.

J'ai pensé que nous étions heureux, que nous étions jeunes et que nous étions beaux. J'ai eu l'impression d'être dans un film.

Puis, assis côte à côte en tailleur sur le plancher, nous avons lu de vieilles bandes dessinées de Bibi Fricotin que Mamie a conservées chez elle avec les livres et les journaux de son enfance. Le papier est doux sous les doigts et il sent bon.

Nous n'avons pas discuté, Soufi et moi. Nous nous sommes seulement amusés. Mais c'était vraiment une bonne fin d'après-midi, douce, amicale et discrète. Je me demande pourquoi les filles de l'école se font une telle montagne à l'idée d'inviter un garçon chez elles. Pour que tout se passe bien, il suffit d'être normale et de ne rien changer à ses occupations habituelles. Inutile de se mettre en frais de conversation ou d'éclats de rire. On parle si on a envie de parler, on rit si on a envie de rire. Si le garçon s'adapte, ça veut dire qu'on s'entend bien. Ce n'est pas plus compliqué que ça. J'ai pensé que je m'entendais drôlement bien avec Soufi.

## 3

Le soir, en revenant chez moi, j'étais préoccupée. Certes, la fabrication de l'ombre bleue m'avait beaucoup plu. Certes j'étais ravie de m'être bien entendue avec Soufi. Certes ma grand-mère faisait les crêpes comme une reine. Pourtant je gardais une impression amère de cette journée. J'en voulais à Anastabotte d'être d'accord avec ma mère et d'essayer de m'amener à être «raisonnable». J'aurais préféré qu'elle soit franchement de mon côté. Et puis je redoutais la journée du lendemain. Je craignais que Soufi se moque de moi et de ma famille dans toute l'école. Après tout, si j'avais passé un délicieux moment en sa compagnie, je ne lui avais pas demandé s'il était aussi content que moi.

J'étais donc assise à la table de la cuisine, plongée dans de sombres pensées. Assise à côté de moi, comme un flic menotté à son prisonnier, ma mère me lorgnait d'un œil gourmand. Je ne sais pas ce qu'elle attendait exactement de cette journée, mais apparemment elle attendait beaucoup. Après quelques questions stupides que j'ai laissées s'écraser toutes seules dans le silence, le débat est revenu sur la sorcellerie : « et alors, ma petite fille, est-ce qu'on est plus raisonnable aujourd'hui », et autres propos archiconnus.

Là, je me suis énervée. Je me suis levée de table et j'ai pensé de toute ma force : eh bien puisque je suis sorcière, je veux que toute sa fichue vaisselle explose en mille morceaux à travers la cuisine, et à l'instant, merci. J'ai claqué la porte et je suis allée m'enfermer dans ma chambre. Quelques secondes plus tard, j'ai entendu un vacarme retentissant. Je me suis dit que les voisins tapaient encore dans les tuyauteries.

Je pensais être enfin tranquille quand j'ai entendu, de la cuisine, ma mère m'appeler avec des mots doucereux. Mécontente d'être dérangée dans ma colère, je suis pourtant allée voir ce qu'elle voulait. Mais j'ai eu du mal à pousser la porte de la cuisine. Des milliers d'éclats de verre et de porcelaine couvraient le sol et ils avaient constitué un petit remblai au pied de la porte. J'ai jeté un coup d'œil par l'entrebâillement. Je n'avais jamais vu un tel carnage. Ma parole, il ne restait plus un verre entier dans ce satané appartement.

Sur le coup, je n'ai pas compris. J'ai cru que, dans un accès de colère, Maman avait tout cassé. Mais à sa mine réjouie et à ses félicitations émues, j'ai saisi ce qui se passait: j'avais réussi mon coup. C'était à mon injonction que la vaisselle s'était brisée d'elle-même sur le premier mur qu'elle avait pu trouver. Le moment qu'Ursule espérait si fort était enfin arrivé.

Moi, je m'y attendais. Je m'étais faite à

l'idée qu'il faudrait bien que ça m'arrive. **Un jour ou l'autre. Fatalement.** Mais quand même, face au résultat tangible du changement, j'ai ressenti un petit pincement du côté du cœur. Eh bien voilà ma grande, tu as gagné le droit de péter la vaisselle : c'est ce que je me suis dit avec une certaine satisfaction.

Dans le fond, j'aurais été toute seule, j'aurais bien rigolé. Mais ma mère semblait si contente qu'elle m'a gâché tout mon plaisir. Pour les réjouissances, nous étions trop de deux. Je n'avais aucune envie de partager son émotion et sa joie. Ce Diên Biên Phu de la vaisselle, c'était mon histoire, et pas la sienne. Je ne voulais plus qu'elle se mêle de ma vie.

Aussi, quand elle m'a demandé si j'avais fait exprès d'appeler à moi les calamités, j'ai fait l'idiote. J'ai fait celle qui n'avait rien demandé. Et j'en ai profité pour râler une fois de plus sur les ennuis qu'allaient m'attirer ces fameux pouvoirs. J'ai reclaqué la porte de la cuisine et j'ai à nouveau pensé très fort : « Et en plus je veux qu'un vent d'enfer vienne faire claquer ses fichues fenêtres.» Au sifflement admiratif que j'ai entendu dans la cuisine, j'ai su que ça avait marché. Pas de doute, cette fois j'étais bel et bien sorcière. Dans un sens, c'était la poisse.

Une fois dans ma chambre, je me suis assise sur mon lit et j'ai réfléchi. Il était quand même étrange que le soir même de ma visite chez Anastabotte, les pouvoirs me tombent dessus. J'aurais dû me méfier davantage de ma grand-mère. Derrière ses airs mielleux, elle n'était qu'une sorcière comme les autres, rusée et obstinée, comme ma mère, comme moi. J'avais atteint l'âge de savoir qu'on ne peut faire confiance à personne. On n'est jamais si bien trahi que par sa famille.

Plus je me lamentais, plus le vague à l'âme grandissait. J'imaginais mon avenir et je me désolais sur ma probable solitude. Est-ce qu'un type normal, par exemple Soufi, accepterait d'épouser une fille capable de le faire kidnapper par une tornade bleue ? Est-ce qu'il tolérerait que je brise la vaisselle au moindre mouvement d'humeur ? Est-ce qu'il aménagerait la cave en repaire pour mandragores en conserve, cages de scolopendres et chauves-souris éventrées ? Est-ce qu'il tolérerait à son mariage la double et encombrante présence de ma mère et de ma grand-mère ? Et que dirait-il le jour où il apprendrait que sa première fille est, elle aussi, sorcière ? Je pouvais faire voler les assiettes et claquer les fenêtres toute ma vie. Aucun type normal au monde ne me demanderait en mariage. Jamais. Les larmes me sont montées aux yeux. Quelle poisse. Décidément quelle poisse !

## 4

Le jeudi matin, je suis allée à l'école sur la pointe des pieds. Quand j'ai vu Soufi arriver dans la cour, je me suis cachée. C'était idiot, mais ce matin-là je me sentais intimidée. De toute façon la cloche a sonné et il a fallu se mettre en rang pour rejoindre la salle de classe. Dès qu'il m'a aperçue, Soufi est venu vers moi.

— Bonjour Verte, tu vas bien?

— Oui, oui.

— Tu as de la chance parce que moi, depuis hier, je me sens bizarre.

— Tu crois que c'est à cause de ma grand-mère?

Soufi m'a regardée avec des yeux écarquillés et il s'est mis à rire.

— Oh non, pas du tout. Ta grand-mère est très gentille. C'est parce que…

Je tremblais déjà de ce que j'allais entendre quand la maîtresse a interrompu notre conversation.

— Soufi, arrête de bavarder. On va en cours.

J'étais morte d'inquiétude. Je n'ai pas fait grand-chose dans la première partie de la matinée. Je ne cessais de penser à Soufi et de me retourner sur ma chaise pour m'assurer qu'il allait bien. J'ai fini par me faire rappeler à l'ordre.

— Verte! a crié la maîtresse. Arrête de te retourner sans arrêt. C'est par ici que ça se passe! Je sais que Soufi est joli garçon mais ce n'est pas lui qui fait la leçon!

Toute la classe a éclaté de rire et je suis devenue écarlate. Quand la cloche de la récréation a sonné et que nous nous sommes tous précipités dans la cour, Soufi m'attendait. J'en ai repéré plusieurs qui ricanaient bêtement quand ils nous ont vus nous éloigner du groupe pour discuter calmement. Parfois je me dis que les gens sont bêtes.

Les mains croisées derrière le dos, Soufi marchait à côté de moi. Il regardait le sol devant lui d'un air très préoccupé.

— J'espère que tu n'as parlé à personne de cette histoire bizarre qui m'est arrivée hier..

— Non, ne t'inquiète pas.

— Eh bien, continue. N'en parle pas. J'ai la trouille. Je me demande si je ne suis pas en train de devenir fou. Ou je suis peut-être très malade. Tu crois que je dois voir un médecin?

Et voilà, j'en étais sûre. N'importe quelle histoire de sorcellerie, même la plus anodine, même la plus minable, appelle les ennuis comme le paratonnerre appelle la foudre. Pour le seul plaisir de m'impressionner, Anastabotte avait gâché la vie de mon meilleur ami. Qu'est-ce que j'allais dire à ce pauvre garçon? Que tout était de ma faute? Que ma grand-mère le trouvait formidable en cobaye pour expériences idiotes? Et que moi-même je l'avais choisi pour se faire enlever en plein match par un cyclone fantomatique? J'étais affreusement ennuyée.

— Je crois que ce n'est pas grave du tout, ai-je dit d'une voix assurée. Je te garantis même que ce qui t'est arrivé n'a aucune importance. Tu n'as pas besoin de médecin. Et tu peux me croire, je suis bien placée pour te rassurer.

Soufi a levé la tête vers moi et il m'a regardée comme si c'était moi qui perdais la boule.

— Qu'est-ce que tu en sais?

— Je le sais, c'est tout.

Notre conversation s'est arrêtée là, mais j'ai bien vu qu'en dépit de mes affirmations catégoriques je ne l'avais pas convaincu. Son air soucieux ne l'a pas quitté de la journée.

J'espérais que les inquiétudes de Soufi s'apaiseraient avec la nuit. J'ai pu constater le lendemain matin que les choses allaient de mal en pis. Je guettais à la porte de l'école pour le voir arriver. Quand il est entré dans mon champ de vision, j'ai eu de la peine à le reconnaître. Lui le sportif, le dynamique, le footballeur, avait un visage affreusement fatigué. Ses épaules étaient voûtées, comme écrasées par le poids de son cartable, et de grands cernes noirs bordaient ses yeux sombres.

— Tu vas mieux? ai-je demandé bêtement.

— Non, je vais pire. Je n'ai pas fermé l'œil de la nuit. Il faut peut-être que j'en parle à ma mère.

Aïe. Les choses prenaient un tour inattendu et je me sentais de plus en plus coupable. Sans moi et ma maudite famille il ne lui serait rien arrivé. J'y ai pensé toute la matinée. J'ai pesé le pour et le contre. Je n'ai pas écouté un seul instant ce que racontait la maîtresse et j'ai écopé d'une punition. Mais à l'heure du déjeuner, j'avais décidé de tout raconter à Soufi. Et tant pis pour Anastalotte. Elle n'avait qu'à faire attention aux victimes de ses farces. La seule chose importante désormais était de rassurer sa proie traumatisée.

J'ai attrapé Soufi à la sortie de la cantine. Je l'ai emmené dans un coin tranquille de la cour. Nous nous sommes assis par terre, le dos appuyé au mur. Et je lui ai tout avoué, ma mère, ma grand-mère, moi et la tornade bleue. Il m'a écoutée, bouche bée, sans dire un mot. Et quand j'ai eu fini, il m'a envoyé une grande tape sur la cuisse.

— Si une autre fille, n'importe laquelle, m'avait raconté un truc pareil, je ne l'aurais pas crue. Mais toi, ce n'est pas pareil. Je te crois.

— Tu ne penses pas que je suis folle?

— Je me dis que si l'un de nous deux est fou, c'est toi. Moi, par comparaison, je me sens plutôt sain d'esprit. C'est assez rassurant.

— Bien. Alors cette fois c'est moi qui te le demande: tu promets que tu ne répéteras rien à personne? Tu le jures?

Il a pris mes mains dans les siennes.

— Je le jure. À toi maintenant de jurer que tu ne m'enverras plus de sort à tort et à travers. Plus jamais.

— Plus jamais, je le jure.

Nous nous sommes levés pour rejoindre le reste de la classe.

— Veux-tu venir goûter chez ma grand-mère, mercredi prochain?

— D'accord, a fait Soufi. Mais il est inutile de lui avouer que tu m'as tout raconté. Nous avons assez d'ennuis comme ça.

Le même soir, j'ai fait la connaissance de la famille de Soufi. Je ne voulais pas me montrer indiscrète mais c'est lui qui a insisté.

— Accompagne-moi chez moi, m'a proposé Soufi. Ma mère nous donnera à goûter et tu verras où j'habite.

— Je ne sais pas, ai-je dit. Je me sens timide.

— Tu devrais dire oui, a remarqué Soufi. Je suis bien venu goûter chez ta grand-mère, c'était plus difficile.

Je ne voulais passer ni pour une chochotte, ni pour une poule mouillée. Et j'étais assez contente à l'idée que toute la classe nous verrait quitter l'école ensemble et prendre la même route. Alors j'ai accepté et je l'ai suivi. À cette heure, ma mère n'était sûrement pas revenue de ses courses et j'avais un peu de temps devant moi.

Chez lui, au cinquième étage d'un immeuble moderne, nous avons trouvé sa mère. Elle épluchait des légumes dans sa cuisine. Elle portait dans les cheveux un foulard tordu et noué au sommet de la tête. En nous voyant arriver, elle s'est essuyé les mains à son tablier. Elle est venue vers nous et elle a souri pour dire bonjour. Soufi lui a parlé dans une langue que je ne comprenais pas. Je crois qu'il me présentait parce que sa mère me regardait avec un air entendu en hochant de temps en temps la tête.

Nous nous sommes assis à table. La cuisine semblait toute remplie de nous. La fenêtre ouverte donnait sur des arbres et sur d'autres immeubles. À cette heure tranquille de l'après-midi, on entendait quelques oiseaux et des enfants qui revenaient de l'école. La mère de Soufi a pris dans son armoire une boîte en plastique qu'elle a tendue à Soufi. Soufi l'a ouverte et l'a posée sur la table. Elle était pleine de petits gâteaux sablés, aux amandes, à la pistache, au miel. Pour faire honneur, j'ai mangé des gâteaux de l'air le plus aimable du monde. Au bout de trois, j'avais la bouche pleine de sucre et je n'avais plus très faim. Quand j'ai refusé un quatrième gâteau d'un signe de la main, la mère de Soufi a rigolé et elle a parlé à son fils.

— Ma mère pense que tu devrais emporter un ou deux gâteaux avec toi, a traduit Soufi. Elle dit que tu es maigre comme une petite herbe et qu'elle aimerait te faire grossir un peu.

Par politesse, j'ai grignoté un autre gâteau. Il faisait chaud, j'étais bien, j'aurais voulu rester là longtemps, proposer un coup de main pour éplucher les légumes, attendre le retour des autres, dîner là le soir. Mais il n'en était pas question, évidemment. Il fallait que je rentre chez moi.

— Tu veux voir l'appartement? m'a demandé Soufi alors que je me levais pour partir.

Le séjour était décoré d'épais tapis aux motifs rouges enchevêtrés. Sur la télévision, on pouvait voir les photos encadrées de tous les enfants, deux garçons et trois filles aux yeux bruns comme Soufi et comme sa mère. Ils posaient en maillot de bain, sur la plage. On remarquait, posant avec eux, deux personnes plus vieilles.

— Ce sont tes grands-parents? ai-je demandé à Soufi.

— Oui, chaque année mon père prend des photos pendant les vacances, à Plouermel. À la rentrée, il range les photos de l'année précédente dans un album et il encadre les nouvelles.

Dans les chambres, il y avait des lits partout et des étagères pleines d'affaires.

– Je dors là avec mon frère aîné, a indiqué Soufi en désignant un canapé.

Accrochées les unes à côté des autres, des photos de footballeurs tapissaient les murs. Des chaussures à crampons étaient rangées au pied d'une armoire.

Soufi a une chance folle. Sa famille est immense : cinq enfants, une mère ET un père, un cousin qui dort sur un matelas dans l'entrée. Comme tout le monde ne peut pas rester ensemble très longtemps dans l'appartement, les enfants jouent dans la cour de l'immeuble. Ils ont plein d'activités. Soufi va à la piscine, au foot et au club d'échecs. Il m'a même raconté qu'il faisait les courses d'une vieille dame qui habite au sixième étage.

Quand j'ai quitté l'appartement, sa mère m'a tendu un Sopalin dans lequel elle avait enveloppé deux gâteaux. J'avais envie de l'embrasser pour lui dire au revoir mais je n'ai pas osé. Je lui ai seulement serré la main. Elle a posé la main sur son cœur. Et j'ai mangé mes deux gâteaux sur la route. J'ai cru qu'ils allaient m'étouffer, mais je ne voulais pas les ramener chez moi. Il aurait fallu que j'explique à ma mère d'où ils venaient. Ursule en aurait sûrement profité pour vouloir faire la connaissance de Soufi, de sa famille, de sa mère, de son appartement... Pas question. Plutôt mourir étouffée par des gâteaux aux amandes.

# 5

Le mercredi suivant, je n'avais pas très envie de voir Anastabotte. Je lui en voulais. Je ne pouvais pas me défaire de l'idée que c'était de sa faute, si j'avais changé si vite et si profondément. Et je redoutais ce qui allait m'arriver, maintenant.

Mais je ne tenais pas à passer la journée avec ma mère. Je me suis donc réveillée très tôt, je me suis préparée en veillant à ne pas faire de bruit pour ne pas réveiller Maman, et quand elle est venue me chercher, j'ai suivi ma grand-mère comme si de rien n'était. Anastabotte, de son côté, devait se sentir un peu mal à l'aise. Nous n'étions pas sitôt dehors qu'elle a tenu à me dire qu'elle n'y était pour rien, qu'elle trouvait même que j'étais un peu jeune, et qu'elle n'était pas d'accord avec ma mère... Tout un flot d'excuses embarrassées qui la désignait clairement comme coupable. J'ai pris son discours comme une excuse et j'ai passé l'éponge. Après tout, il fallait bien que ça arrive un jour. Un peu plus tôt, un peu plus tard, quelle importance ? Et puis, d'avoir balancé tous mes secrets familiaux à Soufi, je me sentais à moitié vengée de tous mes ennuis.

Le matin, nous avons fait un peu de jardinage. J'aime bien aider Mamie quand elle s'occupe de son jardin. Pendant que je nettoie les bordures, que je coupe la pelouse aux ciseaux, que je taille les buissons, je ne pense qu'à mon travail et je suis heureuse.

Nous étions toutes les deux penchées au sol, le nez dans la terre, quand Mamie m'a demandé ce que je voulais faire comme première opération, maintenant que j'étais sorcière.

Je n'y avais pas vraiment réfléchi. Mais l'idée m'est venue toute seule. Comme si, depuis longtemps, elle était prête dans ma tête, attendant juste qu'on lui demande de se manifester.

— Je veux retrouver mon père, ai-je dit.

Quand ils se sont envolés de ma bouche, je me suis dit que pour une fois les mots correspondaient exactement à ma pensée. Retrouver mon père : c'était bien là ce que je désirais à présent. Mamie a un peu protesté, pour la forme. Mais je crois qu'elle redoutait surtout les réactions de Maman. Dans le fond, elle devait penser que j'avais raison parce qu'elle a fini par dire que, puisqu'elle ne pouvait pas m'en empêcher, elle allait m'aider.

— Tout à l'heure ? ai-je demandé.

— Tout à l'heure, a-t-elle acquiescé.

Et nous avons continué à désherber.

Le midi, Mamie a sorti sa friteuse et elle a épluché des pommes de terre. Je les ai coupées avec un appareil spécial qui, d'une pression de la main, transforme une pomme de terre entière en une quinzaine de frites.

Sur le feu, la graisse blanche a fondu et elle s'est mise à frissonner. Mamie a jeté dedans une gousse d'ail, pour le goût, et elle a plongé les frites dans le bain blond bouillonnant. Elle fait toujours cuire les frites deux fois, ce qui les rend craquantes et soufflées. Quand elles ont été cuites, puis égouttées, Mamie a fabriqué deux grands cornets avec un épais papier bleu et elle les a remplis à ras bord.

Sur la table, elle avait posé le vinaigre, le piccallili et la mayonnaise.

— Assieds-toi, ma chérie, a-t-elle dit en me tendant mon cornet, et raconte-moi ta semaine.

En picorant dans mon cornet, j'ai commencé à lui parler de mes cours, de mes profs, de mes amis, de Soufi... et de fil en aiguille, emportée par mon récit, ne mesurant plus l'importance de ma trahison, j'ai fini par avouer.

– Alors, je lui ai dit que c'était toi qui avais fabriqué l'ombre bleue et qu'il ne fallait pas qu'il s'inquiète.

Mamie a brusquement levé les yeux de son cornet de frites. Sur mon élan, j'ai continué.

– Je lui ai aussi expliqué que nous étions toutes sorcières dans la famille, toi, moi, Maman. Il était très content que je lui raconte tout ça.

Mamie a secoué la tête et elle s'est tapé plusieurs fois le front avec l'index.

– Il était très content, hein? Et il n'aura rien de plus pressé que d'aller à son tour clamer ton histoire sur la place publique. Et les ennuis vont nous tomber dessus comme les criquets sur l'Afrique. Pendant des siècles, c'est à cause de bavardes dans ton genre que les sorcières ont été brûlées sur la grand-place.

Mamie, si indulgente d'habitude, avait l'air vraiment fâchée. Ma gorge s'est serrée et j'ai eu envie de pleurer.

– Il a juré qu'il ne dirait rien.

— La belle affaire...

— Et de toute façon, personne ne le croirait !

Mamie a haussé les sourcils.

— C'est notre seule chance, tête de linotte ! Dans ce siècle matérialiste, les gens ne croient plus aux sorcières. Voilà pourquoi ils ne les brûlent plus. Parce qu'ils ne les voient plus. Quand ils ont envie de faire du mal à leurs voisins, ils préfèrent tomber à bras raccourcis sur les étrangers. Aujourd'hui, ils sont plus repérables que les sorcières. Mais souviens-toi que si, un jour, nos voisins se remettaient à croire à la magie, il faudrait que tu fasses plus attention ! Nous passerions illico dans la catégorie des victimes désignées, des fléaux bons à brûler sous n'importe quel prétexte, sécheresse et inondation, grippe et crash bancaire.

J'avais baissé la tête, de honte.

— Mais Soufi n'est pas comme n'importe quel voisin, ai-je murmuré. D'abord il est étranger, lui aussi. Sa famille vient de Bretagne et sa mère ne parle pas français…

— De toute façon, a remarqué Mamie d'un ton fataliste, il est trop tard. Le mal est fait. Il ne nous reste plus qu'à faire confiance à Soufi. Et à espérer qu'il la boucle.

# 6

Je débarrassais la table en silence quand Mamie a enlevé son tablier.

— Nous n'allons pas nous désoler tout l'après-midi, a-t-elle lancé avec un bon sourire de réparation. Nous avons mieux à faire.

— Chic, ai-je dit. Tu n'es plus fâchée?

— Je suis trop bonne pour rester très longtemps en pétard.

— Alors on va chercher mon père?

— D'abord, il faut que j'aille chercher mon miroir liquide, a dit Anastabotte. Je l'ai prêté à cette vieille folle d'Anselmina un jour qu'elle avait perdu ses clés. Je vais faire un saut chez elle pour le récupérer.

— Et moi?

— Toi tu vas m'attendre chez Mme Arsène. Je n'aime pas te laisser toute seule dans la maison. Je passerai te prendre à mon retour. Je n'en ai pas pour longtemps.

— Je peux passer par-dessus le mur?

Depuis que je suis toute petite, pour aller chez Mme Arsène, j'ai l'habitude de grimper sur le mur et de me laisser glisser de l'autre côté.

J'ai filé dans l'appentis pour prendre l'échelle. Mamie ne veut plus que je grimpe sur les poiriers. Elle prétend que je suis trop lourde et que je vais finir par casser une branche, ce qui fera mal au poirier et à moi, puisque je dégringolerai. J'ai enjambé les tuiles qui couvrent le sommet du mur et je me suis laissée tomber doucement sur le gravier de Mme Arsène. J'ai traversé le jardin, entre les salades et les framboisiers, et j'ai poussé la porte de la cuisine. Mme Arsène émiettait du pain pour les mésanges.

— Bonjour, mon petit chaton, me dit toujours Mme Arsène quand elle me voit pousser la porte de sa cuisine.

— Bonjour madame Arsène, je peux rester chez vous une demi-heure ? Ma grand-mère est partie faire une course.

— Installe-toi et prends un biscuit.

J'ai englouti quelques biscuits pendant que Mme Arsène semait son pain sur son appui de fenêtre. Elle a ajouté quelques morceaux de beurre et posé un bol plein d'eau au milieu du repas des oiseaux. Puis elle s'est assise en face de moi.

— Alors madame Arsène, ai-je demandé, il paraît que vous avez connu mon grand-père ?

Elle a hoché la tête.

— Un sacré bel homme, tu peux me croire. On peut dire qu'il faisait la paire avec ta grand-mère. Grands tous les deux, et sympathiques et heureux de vivre...

— Qu'est-ce qu'il faisait comme métier ? Il était magicien ?

— Magicien, Gervais ? Quelle idée ! Il était

fleuriste. Il travaillait dans les serres, spécialiste des orchidées. Mais il n'y avait pas que les orchidées dans sa vie. Il m'a planté au fond du jardin des hortensias qui sont toujours debout. C'est pas la main qu'il avait de verte, c'était tout le bras. Ah ça, elle aura été heureuse, ta grand-mère. Pas très longtemps, d'accord. Mais très heureuse, ça oui. C'est pas comme moi avec Maurice. Il est pas mort trop jeune, Maurice. Il est même toujours là…

J'ai eu peur que Mme Arsène se mette à se plaindre de son mari. Quand elle commence, elle ne peut plus s'arrêter. Je l'écoute par politesse, mais je m'ennuie horriblement. Pour l'interrompre, j'ai demandé :

— De quoi est-il mort ?

— Je viens de te dire que justement il n'est pas mort, Maurice !

— Mais je parle de Gervais…

— Ta grand-mère ne t'a pas dit ? Il est mort d'une piqûre de rose. La piqûre était profonde. Elle s'est infectée, elle lui a pris le doigt, la main, le bras, puis le cœur. Ta grand-mère a essayé tout ce qui était en son pouvoir, mais elle n'a rien pu faire contre le destin. La pauvre femme s'est retrouvée toute seule avec ta mère. C'est pas mon Maurice qui se serait piqué à une rose. Il ne m'a même jamais offert de fleurs de sa vie.

Heureusement, Anastabotte a sonné, coupant court à la vindicte de Mme Arsène.

— Entrez donc et prenez quelques biscuits avec nous, a-t-elle aimablement proposé à Anastabotte.

Mais Mamie a décliné.

— Nous avons un invité qui nous attend devant la porte, a-t-elle dit. L'heure du goûter approche. Il est temps de rentrer. Adieu.

— Adieu, a répété Mme Arsène, sur le pas de sa porte.

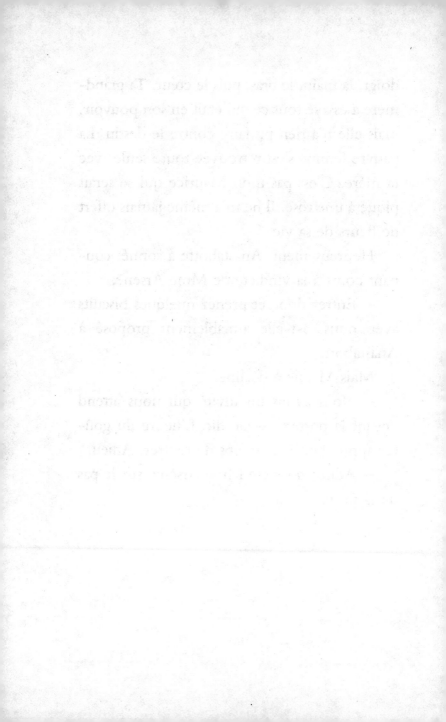

# IV

## CE QU'EN DISAIT SOUFI
### (La voix d'un garçon)

## 1

Au début de l'année, je ne l'avais pas remarquée. Elle était plutôt discrète, du genre qu'on range parmi les bonnes élèves et qu'on oublie ensuite. Elle n'avait pas de frère ni de sœur dans l'école. Je précise parce que nous, nous sommes trois de la même famille entre le CP et le CM2. D'ailleurs on ne voyait jamais ses parents à la sortie des classes, même pas le samedi.

Elle avait des copines. À la récréation, les filles se mettent toujours par groupes de quatre ou cinq pour ricaner ou pour jouer. Mais elle ne les invitait pas chez elle  Quant aux garçons de la classe, n'en parlons ｜ s. Si je ne l'avais pas vue rigoler avec les autres filles en nous regardant en coin, j'aurais pu croire qu'elle ne nous avait pas remarqués.

– Des garçons dans la classe, où ça?

De mon côté, je l'avais repérée. À cause de son prénom, d'abord. Des Rose, des Violette, des Garance, j'en avais déjà rencontré. Mais des Verte, jamais. Un prénom aussi original, ça marque. À cause de sa ressemblance, ensuite. La ressemblance m'a frappé en traître, un matin, à la gym.

– Mince, me suis-je dit, elle ressemble incroyablement à quelqu'un que je connais. Mais qui?

Je suis resté un bon moment à la regarder courir. Mais impossible de retrouver à qui elle me faisait penser. À midi, à la cantine, je l'ai suivie avec mon plateau et je me suis assis à la même table qu'elle.

— Verte, tu ressembles à quelqu'un que je connais.

— À qui?

— Justement, je ne sais pas.

— C'est malin…

Elle a fait celle qui se fichait de moi, mais j'ai bien vu à son sourire qu'elle était contente que je lui parle. Assise à côté d'elle, Ségolène roulait des yeux de poisson pour que je la remarque. Toute la classe est courant que Ségolène m'aime. Même moi. Dommage que ça me soit égal. Mon genre, ce serait plutôt Verte. Un genre un peu sérieux, un peu moqueur, un peu mystérieux.

Pendant quelques jours, Verte a eu l'air amusée par ma recherche de la ressemblance. Puis j'ai senti qu'elle en avait assez. Elle ne me regardait plus jamais en souriant. Elle me faisait la tête.

— Tu as inventé toute cette histoire pour faire le malin, m'a-t-elle lancé un jour d'un ton accusateur.

Je me suis défendu mais elle n'a rien voulu savoir. Elle ne pouvait simplement plus me voir en peinture. Quelle tristesse. Mais je ne suis pas un garçon qui laisse tomber facilement. J'ai continué à traquer la ressemblance. Un jour, j'ai même demandé au surveillant s'il n'avait pas une idée. Mais non, il ne voyait pas du tout. J'ai fait le compte, ça ne pouvait pas être dans sa famille, je ne connaissais pas sa famille. Ça ne pouvait pas être dans l'école, le surveillant aurait trouvé. Alors? Alors c'était un vrai casse-tête.

Du jour où je me suis intéressé à elle, Verte s'est incrustée dans ma vie. Elle ne l'a pas fait exprès, d'accord. Mais les choses se sont organisées pour que nous devenions inséparables. Par exemple, un jour, par le plus grand des hasards, sa grand-mère m'a invité à goûter. Moi. Soufi. J'allais au foot avec Vincent quand nous les avons rencontrées, Verte et elle, dans la rue. La grand-mère était habillée avec une sorte d'immense gandoura rouge. On ne voyait qu'elle dans la rue. Incroyable. Verte lui tenait la main gentiment. On aurait dit un petit lutin accroché à un grand troll. Mort de rire, j'étais. Mais j'ai gardé mon sérieux. Je ne tiens pas à me montrer désagréable.

En les croisant, j'ai lancé un grand bonjour auquel Verte a à peine répondu. La grand-mère, elle, nous a tout de suite fait la conversation. Elle était tellement gentille que la discussion a duré, là, sur le pavé. Verte avait pris un air méprisant. Elle ne desserrait pas les dents. Pour finir, quand la grand-mère m'a proposé de venir manger des crêpes après le foot, j'ai cru qu'elle allait s'évanouir. Bien sûr, j'ai accepté l'invitation, moitié par politesse, moitié pour faire enrager cette bêcheuse. Si j'avais su comment elle se vengerait, je me serais tenu à carreau. J'aurais refusé. Heureusement que je ne sais pas prévoir l'avenir.

## 2

Ensuite, Verte m'a ensorcelé. Ça a l'air complètement dingue, mais c'est vraiment vrai. Réellement réel. Il se trouve que Verte est sorcière. La pauvre n'est pas responsable : sa mère et sa grand-mère l'étaient avant elle. Elle me l'a dit elle-même. Je suis bien placé pour le croire, j'ai testé les pouvoirs magiques.

Ce mercredi matin, en acceptant de venir goûter, je suis donc entré dans une famille de sorcières qui n'ont rien eu de plus pressé que de m'envoûter. En plein match de foot. Pour un type comme moi qui adore le sport, c'est un truc qu'on n'oublie pas. Verte m'a expliqué, après, que sa grand-mère avait fabriqué l'envoûtement dans sa cave. Une fois qu'il était là, il fallait l'envoyer sur quelqu'un. Verte a lancé mon nom. Et moi qui n'avais rien demandé à personne, je me suis trouvé embarqué en toute innocence.

L'affaire a eu lieu pendant le match amical contre l'équipe du collège Nicolas-Flamel. J'étais tranquillement assis sur le banc de touche quand une sorte de tourbillon a foncé sur le terrain.

— Ça alors, j'ai pensé, ce machin file tout droit sur moi.

J'ai essayé de me lever. Impossible. J'étais cloué à mon banc. J'ai voulu crier mais aucun son n'est sorti de ma bouche. De toute façon, en une seconde, ce truc était sur moi et il m'aspirait. Oumph! Je suis entré dans le tourbillon. Là-dedans, c'était le paradis. Bleu, ouaté, confortable comme tout. Je me sentais comme dans un rêve. Mais le rêve a été bref.

D'un coup, je me suis retrouvé les fesses dans la boue, à l'autre extrémité du terrain, devant cette nouille de Kevin. Le tourbillon m'avait jeté comme un vieux fruit pourri.

À part Kevin qui est le plus grand sot de la création, personne n'avait rien remarqué à mon aventure. Je n'avais pas envie de passer pour un dingue. Sans rien dire à personne, je suis donc retourné m'asseoir sur mon banc. Et là j'ai commencé à m'angoisser.

L'après-midi, chez Anastabotte, la grand-mère de Verte, j'étais tellement frappé que j'ai raconté mon histoire. Elles m'inspiraient confiance, toutes les deux, si gentilles dans leur cuisine, à faire des crêpes tranquillement. Ces deux hypocrites.

Forcément, elles n'ont pas semblé inquiètes. À les écouter, j'aurais pu croire qu'il n'y avait rien de plus normal que de prendre le tourbillon pour aller d'un bout à l'autre du terrain. J'aurais dû me méfier. Mais j'étais trop content d'être invité dans la famille de Verte. Trop heureux de passer l'après-midi avec elle. Pendant que sa grand-mère rangeait la cuisine, nous sommes allés explorer le grenier. J'ai mis en marche un vieux phonographe et nous avons écouté des disques 78 tours. Nous avons lu des bandes dessinées anciennes. Verte m'a montré tout un tas d'objets incroyables que sa grand-mère conserve en souvenir des années passées.

J'aurais du mal à expliquer pourquoi j'ai vécu dans ce grenier un des meilleurs moments de ma vie. Peut-être à cause de la poésie des greniers. Peut-être parce que j'étais tout seul avec Verte. Je n'avais pas besoin de la regarder pour être fou de joie. Tout ce qu'elle faisait me semblait bien fait. Tout ce qu'elle disait me paraissait drôle. Avec elle, la moindre chose était intéressante et désirable. Tant que nous avons été dans le grenier, j'ai oublié le tourbillon.

C'est quand j'ai quitté la maison d'Anasta-botte que le souvenir de mon étrange aventure m'est retombé dessus. Il s'est installé avec tant de force dans mon esprit qu'il a fini par prendre toute la place. À mon retour chez moi, j'étais terrifié.

Je n'ai rien dit à mes parents. Ils ne m'auraient pas écouté. Et si par hasard ma mère m'avait cru, elle se serait fait tant de souci qu'elle m'aurait empêché de retourner au foot. Je n'ai réussi à dormir cette nuit-là que parce que mon frère dort dans la même chambre que moi. Son léger ronflement me rassure.

Le lendemain, la peur ne s'est pas apaisée, au contraire. Après une mauvaise journée, la nuit s'est révélée catastrophique. J'ai claqué des dents jusqu'au matin. Je me sentais environné de fantômes menaçants. J'étais persuadé que j'allais devenir fou, que je perdrais la mémoire et la raison et qu'il faudrait m'enfermer à l'hôpital ou en prison.

À l'école, tout le monde a remarqué que je ne tournais pas rond. J'étais tellement mal que cette traîtresse de Verte a eu pitié de moi. Pour me rassurer, elle m'a expliqué ce qui m'était arrivé. J'aurais pu lui rire au nez. Mais je savais qu'elle disait la vérité. Si elle avait inventé, comment aurait-elle pu connaître tant de détails véridiques sur mon aventure? J'aurais pu la détester de m'avoir joué un sale tour. Mais quand elle a eu terminé son récit, j'ai juste eu envie de la serrer dans mes bras, par reconnaissance. Je la trouvais incroyablement courageuse de me confier tant de secrets personnels, à moi, Soufi, qui n'étais rien pour elle. Elle pouvait me transformer en scarabée d'un simple mouvement de la main, et voilà qu'elle préférait m'expliquer le mystère de sa vie. Quelle fille fantastique. Traîtresse mais fantastique.

Le soir, pour la remercier, je l'ai emmenée chez moi. Je lui ai présenté ma mère et je lui ai montré mon appartement. Puisque je connaissais sa grand-mère et son secret, j'avais envie qu'elle connaisse à son tour un peu de mon existence. Je lui ai montré mes chaussures à crampons et je lui ai offert des gâteaux cuisinés par ma mère. Elle avait l'air contente de goûter avec nous dans notre petite cuisine. Moi, je me suis senti fier de lui faire passer un bon moment, à mon tour.

— Qu'est-ce que tu en penses? ai-je demandé à ma mère quand Verte est partie.

— Elle est gentille, a dit ma mère en rangeant la boîte de gâteaux en haut de l'armoire. Elle est jolie.

— C'est tout?

Ma mère a ri.

— Je pense que toi, tu en penses beaucoup de bien, voilà ce que je pense.

Et elle avait raison, bien sûr.

## 3

Le reste de la semaine, j'ai observé Verte avec un respect nouveau. Quand mon regard croisait le sien, je pensais à ma chance. Cette fille qui pouvait faire tant de choses incroyables se contentait de me sourire aimablement. Elle me faisait même de petits clins d'œil adorables après lesquels je me regardais de la tête aux pieds pour voir si j'étais toujours là. Le samedi après-midi, je suis retourné au foot avec une certaine appréhension. À midi, je m'étais renseigné :

— Tu ne vas pas chez ta grand-mère cet aprèm ?

— Non, pourquoi ?

— Parce que je vais à l'entraînement. Alors

tant qu'à faire, je préférerais que tu ne lances pas de sort pendant que je joue…

Verte a ri. Son rire délicieux a dégringolé sur moi en cascade.

– J'ai juré de ne plus t'ensorceler. Et si tu veux savoir, je n'aime pas faire la sorcière. Je suis obligée d'avoir des pouvoirs, mais je ne veux embêter personne. Va, tu peux me faire confiance.

J'ai fait confiance. De toute manière, je n'avais pas le choix.

Le mercredi suivant, Verte m'a invité à goûter. J'étais bien sûr un peu inquiet de retourner chez la vieille sorcière. Mais j'avais trop envie de revoir le petit jardin, le grenier, et Verte en tête-à-tête.

À cinq heures, en sortant du foot, j'ai sonné à la porte de la maison. J'attendais qu'on m'ouvre la porte d'entrée, comme chez les gens normaux, quand elles sont sorties toutes les deux de chez la voisine, une horrible vieille toupie au visage revêche qui me regardait d'un œil méchant du pas de sa porte.

— Bienvenue Soufi, m'a dit la grand-mère en sortant une clé de sa poche. Il paraît que tu connais l'histoire de notre famille?

— Oui madame, ai-je bredouillé, mort de trac.

J'ai jeté un coup d'œil à Verte qui approuvait en hochant la tête avec vigueur. Elle avait tout raconté à sa grand-mère. Cette fille était vraiment incroyable. Elle n'avait peur de rien. Ni pour elle, ni pour moi. Pourvu que la grand-mère ne se mette pas en tête de m'engraisser pour me manger. Qu'elle ne me transforme pas en statue de sel. En serin dans une cage.

— Vous n'êtes pas fâchée, j'espère? ai-je demandé d'une voix misérable.

Anastabotte a eu une petite moue.

— S'il ne tenait qu'à moi, je ne dis pas qu'une petite surprise pour te faire taire... Mais puisque ma petite-fille a décidé de te mettre dans le secret, je m'écrase. Elle est assez grande pour savoir ce qu'elle fait.

Ouf. Les deux sorcières sont entrées dans la cuisine. La grand-mère a délicatement déposé sur la table un sac qui semblait très lourd.

– Attention, ne le casse pas, a soufflé Verte.

La grand-mère s'est tournée vers moi avec un regard perçant de cannibale. Puis elle a regardé sa petite-fille avec un sourire plein de mystère. J'ai senti un atroce sentiment d'angoisse me pincer le ventre. Qu'est-ce que j'étais venu fabriquer dans ce repaire de tordues? Pourquoi je n'étais pas chez moi avec ma mère aux yeux d'amande, à la douceur de sucre, au parfum d'oranger? Pourquoi?

– Nous avons du travail, a remarqué Anastabotte avec une mine gourmande.

– Un travail important, a insisté Verte qui semblait soudain très excitée.

J'ai pensé un instant à dire que je m'en

allais mais les mots ne sont pas venus assez vite de ma tête à ma bouche.

— Euh, ai-je balbutié, peut-être que…

— Puisque ce jeune monsieur est au courant, qu'il reste avec nous. Il verra des choses extraordinaires.

Le ton d'Anastabotte était sans réplique et .elle me dardait un regard perçant, du genre qui vous cloue sur place les bras ballants.

— D'accord, il reste, a répondu Verte, sans me demander mon avis.

Mon sort était fixé. Elles avaient dû en discuter dans mon dos. Je vivais sans doute les dernières heures de ma trop brève existence. J'allais payer mes fautes. J'ai eu envie de hurler et de m'enfuir. Mais j'étais trop terrifié pour me défendre. Je suis resté immobile et muet. Devant mes yeux horrifiés, la grand-mère a ouvert un tiroir et elle en a sorti un trousseau de clés rouillées.

— Descendons à la cave, a-t-elle dit.

J'ai senti mes jambes se dérober sous moi.

Avec un geste de déménageur, Anastabotte a attrapé son gros sac et elle a ajouté :

— Donne un verre d'eau à ton copain, il est tout pâle. Moi, je prends le miroir liquide.

Verte m'a tendu le verre du condamné, je me suis forcé à boire en aimant le goût de l'eau, pour la dernière fois...

Et nous sommes descendus à la cave.

## 4

Pleine de poussière noirâtre, sombre comme la nuit, puant le formol et l'herbe pourrie, cette cave, on aurait dit une décharge aménagée par un fou. Des trucs informes étaient pendus au mur. Alignés sur des étagères, des machins douteux baignaient dans de vieux pots de confiture. Des marmites centenaires moisissaient au milieu de ce chantier désolant. Et Verte, ma petite Verte si proprette et si sérieuse, avait l'air d'être là comme chez elle. Elle virevoltait, elle jacassait, toute joyeuse de me faire visiter. Moi, je faisais des efforts surhumains pour ne pas m'effondrer par terre de dégoût.

— Là tu vois, m'a-t-elle dit en montrant du

doigt un bocal plein de racines, ce sont des mandragores. Très utiles pour fabriquer l'ombre bleue. Et là…

— Pitié, je ne veux pas le savoir, ai-je grogné en serrant les lèvres.

— Tu fais la tête? m'a demandé cette andouille en me regardant sous le nez.

Anastabotte s'est à son tour approchée de moi. Elle m'a dévisagé avec curiosité. J'ai vacillé et j'ai fermé les yeux en recommandant mon âme à Dieu.

— Figure-toi que le pauvre chéri est simplement mort de peur, a-t-elle dit au bout d'un instant à sa petite-fille.

— Toi? Soufi? Tu as peur?

Verte se moquait de moi. Ma déroute était complète.

— Je croyais te faire plaisir en te montrant l'atelier de Mamie! Tu n'auras pas l'occasion tous les jours de visiter un atelier de sorcière, crois-moi. Et en plus, je vais faire avec Mamie un tour incroyable. Je voulais que tu voies ça…

— Ha ha, ai-je grincé. Je n'ai pas peur du tout. Avance-moi juste le tabouret qui est derrière toi. J'ai comme une petite faiblesse. C'est l'entraînement qui me crève. C'est quoi ce tour?

Verte a lancé un long regard à sa grand-mère et elle a dit:

— Je vais essayer de retrouver mon père.

Mince. Elle aurait pu essayer de trouver le numéro gagnant du Loto. Mais non. Elle préférait chercher son père, un type qu'elle n'avait pour ainsi dire jamais vu. Quelle fille invraisemblable. Quel beau caractère. J'étais assez fier qu'elle m'invite à voir ça. J'ai respiré un grand coup. Un garçon moins solide aurait sans doute eu peur à ma place. Mais je ne suis pas un trouillard. J'apprécie la nouveauté. Je goûte l'inconnu.

— Formidable, ai-je fait d'une voix vaillante.

En vérité, il me semble que je hurlais presque.

— Tu es une fille formidable.

J'ai eu envie de courir dans ses bras et de couvrir son visage de baisers, comme dans les films. Mais je me suis abstenu. Une autre fois, quand sa grand-mère ne serait pas là, loin de cette cave, dans quelques semaines, peut-être. Il faut de bonnes conditions et un certain courage pour couvrir le visage d'une fille de baisers, quoi qu'en disent les films où tout semble toujours si facile.

Pendant que je rêvais secrètement de couvrir sa petite-fille de baisers, Anastabotte a ouvert son sac. Avec mille précautions, elle a sorti un grand saladier doré au fond duquel tremblait une gelée compacte et blanche. Excusez la comparaison, mais on aurait dit un œil, un gros œil aveugle et brillant posé là, dans une soupière.

— Beurk, ai-je fait.

— Waouh, a fait Verte.

— Faites attention les mioches, a fait Anastabotte.

Et elle a posé la soupière sur une table. Nous nous sommes approchés tous les trois et nous avons regardé l'œil fixement. Sous notre triple regard, la gelée s'est troublée.

— Bon sang de bonsoir, a dit Anastabotte, nous allons passer un drôle de moment, bande d'arpettes! Verte, écoute-moi bien. Je vais réciter une longue invocation que tu vas répéter après moi. Applique-toi à reproduire toutes les syllabes exactement, sinon nous n'arriverons à rien et le miroir liquide sera gâché. Toi Soufi, essaie de faire le vide dans ton esprit. Si tu réfléchis trop fort, tes pensées risquent de nous brouiller. Vous êtes prêts?

La gorge serrée d'émotion, j'ai secoué vigoureusement la tête. Verte est restée impassible, le visage fermé, comme si elle était déjà possédée.

— Bien, a fait Anastabotte, concentrons-nous une minute et allons-y.

Après avoir bruyamment inspiré l'air putride de la cave, elle a commencé à dire une sorte de prière dans une langue inconnue de moi où revenaient sans cesse les syllabes oum, bot, but et papa. Verte répétait après elle. Leurs deux voix mêlées montaient de plus en plus haut dans la cave. Elles résonnaient à m'en faire péter les tympans. Bientôt, les yeux à demi clos, les mains tremblantes, le visage tout crayeux, elles criaient de toute la force de leurs poumons. Moi je veillais à garder la tête aussi vide qu'un œuf gobé. Je fixais furieusement la gelée blanche dans le fond de la soupière.

Au fur et à mesure que les voix d'Anasta-botte et de Verte ont pris de l'ampleur, des ombres grises sont venues s'infiltrer dans la masse gélatineuse de l'œil. Au début, je n'ai rien vu de précis. Juste des traces informes qui striaient le fond blanc. Puis, peu à peu, les lignes grises se sont assemblées jusqu'à dessiner une silhouette. Mince alors. Je me suis mis à trembler d'excitation. Les deux sorcières ont continué leur chant encore un instant. Les formes se sont précisées dans la soupière. On voyait maintenant distinctement le reflet d'un homme en train de courir dans la gelée. Il portait un survêtement et une casquette.

— C'est bon! a crié d'un coup Anastabotte. Regarde un peu dans le miroir, Verte. Il est là!

J'ai sursauté et Verte a semblé se réveiller. Elle a baissé la tête et elle a regardé avidement.

— C'est lui, a soufflé Anastabotte. C'est ton père.

— Incroyable, a dit Verte d'une toute petite voix, mon père.

Puis elle s'est légèrement relevée, elle a eu une moue découragée et elle a demandé:

— Mais qui c'est, mon père?

— Ah ça! a fait Anastabotte en levant les bras au plafond en signe d'impuissance. Va savoir... C'est déjà beau d'arriver à le voir!

— Ça me fait une belle jambe! On s'est donné tout ce mal pour voir courir un type qu'on ne connaît pas?

Moi, je regardais ce type courir. Sa casquette me disait quelque chose. Puis j'ai regardé Verte. Puis j'ai regardé le type. Puis j'ai regardé Verte. Puis j'ai regardé la casquette. Puis j'ai eu l'illumination. J'ai sauté sur place et j'ai hurlé :

— Gérard!!!

— Quoi Gérard ? a hurlé à son tour Anastabotte.

— Eh ben Gérard, quoi! L'entraîneur de foot! Ton père!

La voix de Verte s'est élevée et elle a plané sur la cave :

— L'entraîneur de foot... Je me demande ce que va dire Maman...

Elle était là, la ressemblance. Entre la fille et son père. Entre Verte et l'entraîneur du club. Entre deux mondes si éloignés l'un de l'autre que je n'aurais jamais pu faire le rapprochement si ce miroir liquide ne m'avait pas mis l'évidence sous le nez. D'enthousiasme, j'ai attrapé Verte par la main et je me suis mis à danser au milieu des marmites.

Pendant ce temps, Anastabotte contemplait sa gelée d'un air consterné.

— L'entraîneur du club de foot, c'est le bouquet! Je savais que j'aurais des ennuis avec Ursule, mais à ce point-là, j'ai du mal à y croire.

Elle a fourré son miroir liquide dans le sac puis elle s'est tournée vers nous en fronçant le nez d'un air exaspéré.

— Et vous Soufi, arrêtez immédiatement de couvrir le visage de ma petite-fille de baisers! J'ai assez de soucis pour aujourd'hui!

— Pourquoi ta grand-mère me vouvoie tout à coup? ai-je murmuré à l'oreille de Verte.

— Ne t'en fais pas, a dit Verte en me serrant dans ses bras. C'est l'émotion.

# 5

Nous sommes remontés au jour. Dehors un doux soleil caressait le jardin. Verte riait d'aise et je riais avec elle. Même Anastabotte avait oublié ses soucis. Elle s'est engouffrée dans la cuisine et elle a attrapé sa poêle d'un geste martial.

— Crêpes pour tout le monde !

Le beurre a frissonné, la pâte a rissolé, les crêpes ont volé. Nous avons sorti le sucre en poudre et la confiture. J'ai noué une serviette autour de mon cou. Quand nous avons été assis tous les trois autour de la table, Anastabotte a contemplé Verte un petit moment en silence. Puis elle a sorti un mouchoir de sa poche et elle a essuyé ses yeux.

— Mon petit lapin, a-t-elle dit, je n'étais pas sûre que tu réussirais. J'étais même assez inquiète. J'avais peur que tu soies déçue. Et que tu gâches mon miroir liquide. Mais j'ai vu. Tu as assez de volonté, de puissance de concentration et de talent pour réussir tout ce que tu voudras bien entreprendre. Grâce à Dieu, a-t-elle ajouté à voix basse.

Moi aussi j'étais fier de Verte. J'aurais bien aimé faire un petit discours à mon tour, mais j'avais la bouche pleine de crêpe. Anastabotte s'est alors adressée à moi.

— Mon garçon, Verte a eu l'intuition géniale de t'inviter aujourd'hui et de te garder avec nous pendant les opérations. Sans toi, nous aurions un visage mais pas de nom ni d'adresse. Autant dire pas grand-chose. Il me semble qu'il faut te remercier pour ton aide précieuse, indispensable même à notre bonheur. Merci donc. Mais fais gaffe. Ne t'avise pas d'aller bavasser à tous les coins de rue pour raconter ce que tu as vu, hum?

Elle avait ouvert de gros yeux inquiétants.

— Madame, ai-je juste répondu, je suis entièrement à votre service. Croyez dans mon dévouement.

— Quelle courtoisie! a fait Anastabotte en éclatant de rire. Tiens, prends encore une crêpe, tu ne l'as pas volée.

Je nageais dans la satisfaction bien particulière que seul connaît l'homme qui se gave de crêpes après une série d'émotions fortes. Je n'avais pas remarqué que depuis quelques minutes Verte s'agitait sur sa chaise en soupirant.

— Bon, on va le chercher? a-t-elle enfin demandé avec un accent teinté d'exaspération.

— On va chercher qui?

— Mon père, tiens donc! Maintenant que je l'ai trouvé, je ne vais pas le laisser filer une deuxième fois.

— Tu sais où on peut le trouver, Soufi? m'a demandé Anastabotte.

— Tout à l'heure il faisait son jogging. Maintenant, je crois qu'il est rentré chez lui.

— Tu sais où il habite ?

— Oui. Il a un appartement dans une résidence à côté du stade.

Verte est soudain devenue toute pâle. Elle m'a attrapé la main et elle a demandé avec précipitation :

— Il est marié ? Il a d'autres enfants ? Il a une autre fille ?

— Je t'avais prévenue, ma petite, a interrompu Anastabotte d'une voix sévère. Quand on débarque au bout de dix ans dans la vie des gens, on risque d'avoir des surprises plus ou moins agréables.

J'ai cherché à me souvenir. Mais je ne me souvenais pas d'avoir jamais vu Gérard avec une famille. Même aux voyages inter-clubs, même aux dîners de soutien, même à la kermesse de fin d'année, il venait toujours seul. J'avais bien remarqué qu'une dame l'attendait parfois à la porte du stade, après l'entraînement. Mais elle n'avait jamais d'enfants avec elle. Et elle conduisait sa propre voiture. Une petite amie, probablement. Très petite.

— On n'a qu'à aller lui dire bonjour, a conclu Verte. Nous serons fixés.

Anastabotte s'est levée de table.

— Dans ce cas je vais me remaquiller, a-t-elle dit. Après dix ans d'absence, je ne tiens pas à passer pour une souillon.

— Pas trop de rouge à lèvres, hein Mamie, a conseillé Verte gentiment.

Nous avons sauté dans la voiture d'Anastabotte. Je me suis installé à côté d'elle pour la guider et j'ai retrouvé la résidence sans problème. Nous nous sommes garés en double file, j'ai sonné et je me suis annoncé dans l'interphone.

— Gérard ? C'est Soufi.

— Soufi ? Qu'est-ce qui t'amène à cette heure-ci, mon grand ?

— Une surprise.

— Une bonne surprise, j'espère. Entre, c'est au cinquième étage.

Il a ouvert la porte et il nous a vus tous les trois. Il m'a d'abord regardé avec un air intrigué. Puis il a regardé Verte, il s'est passé la main dans les cheveux, puis dans le cou, puis sur le ventre, puis sur le menton. Puis il a regardé Anastabotte qui se tenait derrière nous, un sourire modeste éclairant son visage maquillé. Là il a commencé à comprendre. Ses yeux se sont écarquillés.

— Anastabotte?

— Oui Gérard, c'est moi.

— Mais alors... a-t-il dit en regardant à nouveau Verte.

— Oui c'est elle, a fait Anastabotte en posant la main sur l'épaule de Verte.

— C'est moi, Verte, a dit Verte.

— Nom de Dieu, a dit Gérard, pour une surprise, c'est une sacrée surprise.

Et il est tombé dans les pommes.

## 6

Une demi-heure plus tard, le médecin est arrivé. Gérard avait repris conscience et il voulait se lever, mais Anastabotte l'en avait empêché, une main fermement posée sur son plexus.

Quand il s'était effondré sur son seuil, elle l'avait traîné par les épaules et l'avait allongé sur le canapé de la salle de séjour. Puis elle l'avait giflé avec entrain pour qu'il revienne à lui. Pendant ce temps, Verte faisait le tour de l'appartement pour s'assurer qu'il ne s'y trouvait aucune chambre d'enfant, et surtout aucune chambre de fille de douze ans.

— Restez tranquille, mon ami, répétait

Anastabotte en maintenant Gérard allongé d'une main de fer. Je veux d'abord entendre ce que va dire le médecin.

— Rien, ce n'est rien du tout, dit le médecin. Un manque de magnésium peut-être, ou de potassium. Pour le reste, vous êtes en excellente forme. Félicitations. C'est deux cents francs, merci.

— Et hop, a dit Gérard en sautant du canapé. La vie est à nous. Passez-moi mon chéquier.

Il nous a servi des limonades et des petits biscuits. Puis Anastabotte l'a rejoint dans la cuisine et ils ont discuté tous les deux un bon moment. Nous, les jeunes, nous sommes restés assis côte à côte sur le canapé, nos verres à la main.

— Il vit tout seul, m'a glissé Verte en sirotant sa limonade. Pas de femme à la maison, pas d'enfant, pas de fille. Des affaires de sport. Des bouquins. Du désordre. C'est tout.

— Je te l'avais bien dit!

— Oui mais il fallait que je vérifie. Crois-tu que je devrais m'inscrire au foot?

— Pourquoi pas?

Quand Gérard et Anastabotte se sont décidés à quitter la cuisine, ils semblaient très contents l'un de l'autre. Gérard tenait Anastabotte par les épaules, elle lui parlait dans le creux de l'oreille, ce sont des signes qui ne trompent pas.

— J'ai discuté avec ton père, a commencé Anastabotte d'un air important.

— Mon père, mon père, a répété Verte avec délice, en écho.

— Nous avons décidé qu'il fallait avertir Ursule de nos retrouvailles.

— Ouille ouille, a dit Verte en se tortillant.

— Si je veux t'emmener en vacances, te recevoir pour le week-end ou même tout simplement t'inviter au restaurant ou au cinéma, il faut que je me mette en cheville avec ta mère, a expliqué Gérard.

Du fond de mon canapé, je l'observais

avec admiration. On reconnaissait au premier coup d'œil le grand sportif. Sang-froid, rapidité de réaction, sens de l'action en équipe et bon joueur. Voilà un type qui, il y a une heure à peine, était seul dans la vie. Et il jonglait maintenant avec une fille et une belle-mère comme s'il n'avait fait que ça toute sa vie. Champion.

— Tout le monde grimpe dans ma camionnette, a-t-il ordonné. J'emmène Verte chez sa mère.

— Et ma voiture? a demandé Anastabotte.

— Je vous ramènerai. Pour le moment, j'aime autant que vous nous accompagniiez.

Anastabotte a obtempéré.

— Attendez-moi trente secondes, je vais me remettre un peu de rouge à lèvres.

— Pas trop Mamie, pas trop, a dit Verte en attrapant son blouson.

Je suis monté dans le coffre de la camionnette avec Verte. Et là, j'ai pensé. Drôle de chose que la ressemblance. Maintenant que je les avais tous les deux sous les yeux, la fille et son père, elle ne me semblait plus si frappante. Leurs yeux étaient différents, leurs cheveux n'avaient pas la même teinte. Alors? Alors, c'était un je-ne-sais-quoi dans le sourire, une certaine manière de poser les questions avec les yeux, de se tenir debout les mains dans les poches. C'est fou comme deux personnes qui se ressemblent peuvent être pareilles et différentes. C'est ce que je me suis dit en regardant Verte de toute la force de mes yeux.

# V

### Ce qu'en a pensé Ursule
### (La conclusion d'une mère)

Je le savais. Je n'aurais jamais dû laisser Anas-tabotte s'occuper de Verte. Elle s'est laissé mener par le bout du nez. On ne peut pas lui faire confiance.

Le soir tombait doucement sur ce beau mercredi. J'étais tranquillement en train de lire le journal. Une pizza dorait dans le four. J'avais passé la moitié de la journée dans un café élégant à discuter avec de vieilles copines. Nous avions échangé des recettes à la mode et des réflexions désabusées sur le monde comme il va. J'étais assez heureuse, attendant paisiblement le retour de ma fille qui avait passé la journée chez sa grand-mère. Ce cher trésor avait sûrement progressé. J'avais reçu un coup de fil d'Anselmina en début d'après-midi.

— Ta mère est passée chercher son miroir liquide tout à l'heure. On dirait qu'elle reprend du service. Tu sais ce qu'elle mijote?

— Elle donne des cours particuliers à ma fille. Elle veut sans doute lui faire une démonstration. Rien de bien inquiétant, crois-moi.

Un peu avant huit heures, on a sonné. Elles étaient là. Je me suis levée sans même ôter mon tablier. Je me suis dirigée d'un pas lent vers la porte. J'ai ouvert.

— AAAAAAAH!!!!

Ils étaient quatre, en face de moi. Ma fille, ma mère, un jeune voyou ramassé je ne sais où, et Gérard. Gérard. D'où sortait-il, celui-là?

J'ai refermé la porte aussi sec. Bam. Et je me suis appuyée sur la poignée, les jambes flageolantes. Voilà ce qu'elles avaient fait de ma confiance, de leur après-midi et du miroir liquide. Elles l'avaient retrouvé. Lui que je pensais perdu à jamais. Les sorcières!

La sonnerie a retenti à nouveau, à toute force, droit dans mes oreilles. On a tambouriné contre la porte.

— Maman, c'est moi, Verte, ouvre-nous.

Que faire? Je n'avais pas le choix. J'ai ouvert.

— Bonjour Gérard, ai-je dit platement.

— Bonjour Ursule, a-t-il répondu sur le même ton. Ça fait quelque chose de te revoir, après tout ce temps.

Et moi qui me baladais en tablier, sans une ombre de maquillage, les cheveux retenus à la diable par une barrette de Verte. Je n'ose pas imaginer la tête que je pouvais avoir. Si elles avaient pensé à me prévenir, j'aurais au moins pu enfiler une robe propre.

— Verte et Anastabotte sont passées me chercher tout à l'heure chez moi, a dit Gérard. Je leur ai proposé de les raccompagner, c'était plus sûr. Et puis c'était l'occasion de te dire bonsoir.

— Ah oui...

— Toujours dans les affaires?

— Toujours. Et toi?

— Oh moi, rien de bien particulier.

C'était étrange. Pas un reproche. Pas un cri. Gérard ne semblait pas furieux. Je ne lisais dans son regard aucune pensée Ursulicide. Juste un pétillement amusé et un sourire heureux. Il semblait que nous nous étions quittés la veille.

— Je peux entrer cinq minutes?

— Pourquoi?

— Pour parler de Verte. Pour boire un verre. Pour manger un morceau si tu m'invites.

Il est entré, suivi d'Anastabotte, du jeune garçon et de ma fille. Je leur ai servi un verre.

Puis Gérard a téléphoné aux parents de Soufi et je les ai gardés à dîner. On en a des choses à se raconter quand on ne s'est pas parlé depuis dix ans! Nous avons beaucoup bavardé. Nous avons surtout parlé de Verte. Gérard souhaitait partager la garde de sa fille avec moi, en l'accueillant le week-end et pour les vacances. Je n'ai pas dit non. J'ai pensé que je pourrais partir en week-end tranquille, de temps en temps, avec Anselmina, à la plage. Dans un sens, c'était un soulagement. Et comme ça, elle aurait un homme pour l'emmener au cinéma et au restaurant. Fin des récriminations.

Pendant toute la conversation, le jeune Soufi a gardé le silence. Il couvait Verte des yeux. Ce garçon n'a pas l'air aussi sot que le prétendait Verte. Elle exagère toujours. Il me semble plutôt bien élevé. Et je crois qu'il en pince pour ma fille. J'ai beau le trouver sympathique, je vais le garder à l'œil.

La nuit était toute noire quand nos invités sont partis. Nous les avons accompagnés sur le pas de la porte. Nous étions dehors, dans la nuit fraîche, quand Verte a levé les bras au ciel.

— Regardez là-haut, a-t-elle fait.

Un bouquet de feux d'artifice verts a éclaté au-dessus de nos têtes.

— Pas mal, a dit Anastabotte. À mon tour.

C'est invraisemblable : il faut toujours qu'elle essaie de se mettre en avant. À son âge. Elle ne changera jamais ! Elle a donc aussi levé les bras et une pluie de lumière dorée a illuminé le ciel. Je ne voulais pas être en reste. J'aurais eu l'air de bouder. J'ai fait de mon mieux pour lancer une gerbe de fusées multicolores dans la nuit.

— Tu n'as pas perdu la main, a remarqué Gérard.

Ça m'a fait plaisir.

— Et ta fille tient de toi. Je veux dire, elle tient de vous deux, s'est-il ravisé en se tournant vers Anastabotte.

— Telles mères, telles filles, a remarqué

Anastabotte. Mais assez de gamineries. Ramenez-nous chez nous, Gérard, il se fait tard.

Soufi a embrassé Verte sur les joues, un peu trop près des lèvres à mon avis. Il faudra que je veille au grain. Comme dirait ma mère, chaque chose en son temps. Gérard l'a enlevée du sol dans ses grands bras pour la serrer contre son cœur. Anastabotte lui a fait un petit clin d'œil et ils sont remontés tous les trois dans la camionnette.

Dans le fond, c'était une très bonne soirée. Je me demande quand je vais revoir Gérard. Samedi prochain sans doute.

La camionnette a tourné au coin de la rue, nous sommes rentrées et j'ai fermé la porte derrière nous. Ma fille m'a alors attrapée par le cou et elle m'a embrassée.

— Maman, des fois je t'adore.

J'étais si contente que je ne lui ai pas répondu. J'ai préféré garder mon bonheur dans le silence de mon cœur. Nous avons débarrassé la table et Verte s'est mise en pyjama. Elle s'apprêtait à aller au lit quand je lui ai demandé :

— À propos, j'ai oublié de poser la question à ton père : qu'est-ce qu'il fait comme métier maintenant ?

Verte a eu un petit rire de gorge.

— Il entraîne des équipes de foot, figure-toi.

Du foot. Zut alors. Je me disais bien que tout ne pouvait pas être parfait.